新潮文庫

菊次郎とさき

ビートたけし著

目次

挿画　高橋和枝

菊次郎とさき

SAKI

「母ちゃんが親不孝だって言ってるよ」

軽井沢でペンションをやっている姉ちゃんから電話があった。軽井沢の病院に入院しているオフクロのところに、おいらが見舞いに行かないので怒っているらしい。病名は骨粗鬆症《こつそしょうしょう》。お医者さんに聞くと、カルシュウム不足で骨が弱っているという。

昔の生活を考えりゃ、オフクロは質素な食事ばかりしていたから、やっぱりカルシュウムが足りなくなったのかなあ、といささか感傷的になった。顔を見せれば、少しは喜ぶだろうと、早春の一日、スケジュールを空けて軽井沢に行くことにした。

念のため前日、病院に電話を入れた。

「北野さきの息子の武《たけし》ですけれど、オフクロの容態はいかがでしょう」

「ちょっとお待ちください」

医者が出るのかと思って緊張したら、いきなりオフクロの声が返ってきた。

「来なくたっていいよ」

来なくたっていいよ、はないだろう。

「身体《からだ》悪いんじゃないの」

「電話で話せるくらいだから大丈夫だよ。それより本当に来るの？　いつ来るんだい」

何だ期待してるじゃないか。

「明日、十時に上野を出るやつで行くよ」

「来るなら頼みがあるから、ちょこっとメモしとけ。看護婦さんが二十人いるんだよ」

「何それ？」

「二十人いるんだよ、とにかく病院に。高崎の高島屋に看護婦さんがみんな買い物に行くらしいのさ。それで、高島屋の一万円の商品券を二十枚。いいから買ってきてよ。

担当の先生が三人いる。看護婦さんと同じでもまずいから、十万円の商品券を三つ。あたしに小遣い三十万円、姉ちゃんに二十万円……」

「ちょっと待ってよ」

「そのくらいのこともできねえのか。ばかやろう」って電話を切られた。入院してもオフクロはちっとも変わっていない。

＊

高島屋の商品券なんて買っている時間はもちろんなかった。発車のアナウンスに慌《あわ》ててあさま9号へ乗り込む。

平日の特急のグリーン車は、背広姿のサラリーマンばかりだった。何だか素面《しらふ》では見舞いに行けないような気分になって、思わず注文を取りに来た車内販売の売り子に缶ビールを頼んでしまう。朝から酒を飲んでいるような人間は他に誰もいない。

上野から鶯谷《うぐいすだに》、王子あたりは、ごちゃごちゃした街中を、電車は軒をかすめるかのように通り過ぎていく。おいらの育った足立区梅島あたりもそうだけれど、まだ東京にも、いくらか懐《なつ》かしい風景が残っている。おいらがまだ小学生で、ごくたまに電車に乗っけてもらった頃のことを思い出す。

あれは、六年生になった年の誕生日だった。オフクロが何か買ってやるから、たけし、早く支度しなって、突然言い出したことがあった。

遠足以外で電車に乗るなんて初めてのことだったし、まして何か買ってくれるというんだから、おいらはほんと興奮して舞い上がってしまった。道中、グローブがいいかな、電気機関車がいいかなって考えていたら、神田で降りることになった。

連れて行かれたところが、大きな本屋。「本かあ」とつぶやくと、後ろから思い切り殴られた。

世界名作全集か何かならまだよかった。子供用の参考書「自由自在」を算数から何から十冊も買われたときは、めまいがした。なにが自由自在だ。おいらには、不自由不自在な日々じゃないか。今でもラジオかなにかで「馬のマークの参考書」って歌を聞くと、暗ーい気持ちになる。

その晩、家へ帰るなり「自由自在」を広げさせられた。ちょっとでも手を抜くとぶん殴られたし、ほうきの柄でつつかれたこともある。そのくらいおいらに勉強をさせたかったんだ。

当時の親というものは、多かれ少なかれそういうところがあった。おいらのオフクロも、子供たちの将来に自分の残りの人生を含めたありったけのものを賭《か》けていて、その先にはいつか見返りがあると信じていた。

彼女自身、自分が旧男爵《だんしゃく》か何かの家系に縁のある特別な存在と思っていたふしがある。ペンキ屋で飲んだくれのオヤジとの生活に違和感を持っているようだった。ここは本来自分のいるべき場所ではないというような。

何とか子供たちを皆ひとかどの者に育て上げることによって、自分をどこかへ救い出したいと思っていたんだろう。そのもくろみはわりといい線まで行っていたはずだ。少なくとも、兄貴たちまでは……。

おいらの子供時代というのは、高度成長が始まりかけた頃にあたる。機械科とか工学科とか、とにかく理工系の大学へ進んで技術を覚えて、世間に名の知られた会社に就職するというのが花形だった。

当然おいらも他の兄弟のように、全精力を傾けてその道へ進むべく努力しなければならない立場にあった。

ところがその時期は、もう一番上の兄貴と姉ちゃんが働き始めていて、家計も少し楽になっていた頃でもあった。おいらだけは、運よくそんなに貧乏な時代は経験しないで済んだんだ。

家貧しくして孝子《こうし》顕《あら》わる、とはよくいったものだ。孝子たちの末っ子のおいらは、家のために働かなきゃとか、偉くならなきゃなんて気持ちはさらさらなくて、とにかく遊びたい気持ちを押さえることができない。

小学校時代、オフクロは如何《いか》においらに勉強させるか、そしておいらはどうやって勉強せずに野球をやるか。それが一番重要なことであり、二人の勝負だった。

近所のおばさんが、おいらが野球が好きなのにグローブも持ってないのは、かわいそうだといって、誕生日に内緒でグローブを買ってくれたことがあった。オフクロはおいらが野球をやること自体認めていないんだから、そんなものを持っているだけで、もちろん怒られる。

家は四畳半と六畳ぐらいの部屋に台所だけで、自分の部屋も何もない状態だから、どこにもグローブを隠せない。ただ、縁側の端にかろうじて庭らしきものがあって背の低い銀杏《いちょう》が植えてあった。しょうがないからビニール袋に入れてその銀杏の木の根元にこっそり埋めて、知らん顔していた。

野球のときは、そーっと行って掘り返す。そうしたある日、その穴を掘るとグローブがなくなっていて、代わりにビニール袋でくるんだ参考書が入っていた……。

野球なんかに血道をあげるのは、おいらが暇だからだろうと、英語の塾と書道の塾に行かされることになった。英語の塾なんてのは、足立区あたりじゃめったにないから、駅が三つも先の北千住の方まで行かされる。

自転車で行って来ますと出かけるんだけれど、行ったふりをして近所の友達の家とか公園で時間をつぶして帰ってきたりした。

ある時、家に着くなり、オフクロに「ハロー、ハウ・アー・ユー」って言われたときはどうしようかと思った。黙ってたら、ぶん殴られた。

「おまえ、行ってないだろう。『アイム・ファイン』って言うんだ、このばかやろう」

って。これには、ぞっとしたよ。何でそんな英語知っているんだろうって。

この人は米兵とつき合っててんじゃないか、おいらの塾の月謝はアメリカ人からもらったんじゃないかって、本気で不安になった。実際、おいらのためには、それぐらいやりかねない。

書道の学校にも通わされた。やっぱり行かないで、野球をやって時間をつぶしていたことが多かった。時には気がとがめて公園のベンチの上で硯《すずり》と筆を引っぱり出して、自分の名前をでっかく書いたりしたこともある。

急にオフクロが見せてみろというんで、公園で書いたやつを出したら、「書道の先生というのは、ちゃんと朱で直してくれるんだから、こんな書きっぱなしの汚い字で行ったふりをしてもだめだ」って、これまたこっぴどく怒られた。

おいらはそれを聞いて、今度はなけなしの小遣いをはたき文房具屋へ行って朱色の墨を買い、自分で書いて、それを先生風の字で直して、再び見せろと言われるのを待った。

「たけし、習字を出してごらん」と言われたときには、よしきたと思って勇んで見せたけれど、朱で直した字が下手過ぎて、またばれてしまった。

オフクロはあきれ果てたのか、今度はさして怒らなかった。「そんなに行きたくないなら、行かなくてもいいよ」と、一言《ひとこと》いっただけ。今考えると、何やってんだいというような話だが、そんなオフクロとの駆け引きが、実はおいらも楽しかったのかもしれない。オフクロは教育ママと言うより、むしろ世話好きのおばさんという感じだった。

小学校の担任の先生にフジサキさんという人がいた。鳥取あたりの出身で、短大を出てすぐうちの学校の先生になったんだと思う。その人の下宿へ行って洗濯してやったり、ご飯つくってあげちゃったりというのが、オフクロの日常茶飯事になっていた。もう、とにかく子供のためだって。

それで、オヤジ（菊次郎）が怒ったことがある。

「てめえ、おれに何もやんねえで、たけしの担任の先生のところで洗濯してやるってのはどういうわけだ、このやろう」

「あんたは教育のことなんてまるでわからないばかなんだ」

なんてオフクロは言いかえすから、大喧嘩《おおげんか》。

確かに、オヤジはオヤジで辛《つら》かったろうと思う。うちの中では、完全に浮いていたからね。毎日、酒飲んで帰ってくる理由もよくわかる。

ところで、おいらとオフクロとの戦いは、別に習字の一件で終わったというわけではなかった。中学、高校、大学と、ずっと同じように続いた。

よく考えると結局、おいらの人生はオフクロとの闘いだったような気がする。

*

長じて、おいらが明治大学の工学部に入ったというのは、オフクロにとってささやかな勝利だったに違いない。だが、中退という最悪の結果で、勉強という場における母子の勝負は終わりを迎えることになる。

この件に関しては、ひたすら申し訳ないと思う。おいらの行為は、土壇場《どたんば》で試合を放棄したに等しいからだ。だが、オフクロは、おいらとの勝負の場を勉学だけに限っていたというわけではなかった。

むしろ、もっと大きな目標、平たく言えば、〈とにかくおいらをひとかどの者にする。少なくとも他の兄弟並に〉ということが、この戦いにおける最大の眼目であったはずだからだ。

そういうわけで、とにもかくにも大学に入った息子に対しても、オフクロの干渉が終わることはなかった。

一方でおいらは、大学に入れたのは自分の力だと思っているから、オフクロに対する感謝の気持ちなんて言うのはさらさらない。むしろ、嫌でしょうがなかった。

それどころか、このオフクロこそ、自分をだめにする一番身近にいるやつじゃないかと、考えるようになっていた。

アルバイトも始めて、下宿代と小遣いぐらいは何とか自分でまかなっていく自信も出てきたので、結局、家を出ていくことに勝手に決めた。大学二年の春だった。

オフクロが近所で内職しているすきをねらって、友達の家具屋の車で自分の荷物を運び出した。すると、なんと間《ま》が悪いことに、向こうの角を曲がってオフクロが帰ってくる。

「たけし、何してんだ」

「家を出ていく」

そっぽを向いて答えたら、「出ていくんなら出ていけ。おまえなんか子供じゃない。大学までやってやったのに。絶対帰ってくるな。おまえなんか今日から親でもない子でもない」って烈火のごとく怒鳴った。

そのくせ、オフクロはじっと外に立ってトラックが荒川の向こうに消えるまで、こっちをぼけっと見ているんだ。さすがにおいらも辛かったけれど、これをやり遂げないと絶対に自立できないと頑《かたく》なに信じていた。

引っ越し先の大家さんはおじいさんだった。もうリタイヤしていて、自分の土地にアパートを建てて、その金で細々と暮らしているというところを、友達に紹介してもらった。六畳間で月に四千五百円。普通は七千円ぐらいなんだから、格安だった。

さあ新生活だと、最初の何日かは朝六時に起き、ラジオ体操までして意気込んで過ごしたものの、案の定というか、あっという間に自堕落な毎日となった。

学校はおろか、アルバイトも行くや行かずや、ふらふらな生活を続け、気がつくと家賃を半年もためてしまっている。大家に合わせる顔もないので、こそこそ窓から出入りするていたらくだ。

窓の外を木枯らしが吹く季節となり、例によって昼近くなっても布団《ふとん》から出られずぬくぬくしていると、ついに大家がやってきた。

「ちょっと話がある」

ぼおっと突っ立ったまま、「あっ、すいません」としか、いう言葉はない。回らない頭で、半年もためているんだから出てかなきゃいけないなって覚悟していたら、急に、「そこに座れ」って怒鳴られた。

この大家は何だと思ったけれど、少しでも反省しているふうに見せようと、たたきの板の間のところに正座した。

「おまえみたいなばかはどこにいるか」

「えっ?」

「こんなに家賃をためていて、普通、置いておくと思うか」

「いや、出ていってくれって言われて当然と思いますよ」

下を向いて答えた。

「じゃあ、なぜ君はまだここにいるんだ」

「大家さんが優しいから」

「そこが、おまえが子供でばかなところなんだよ」

大家さんはため息をついた。

「半年前、北野君がここへ引っ越してきたろ。そのすぐ後にオフクロさんが来たんだよ。タクシーで後をつけたって言ってたよ」

おいらはエッと思って赤面した。

「『どうせあの子はばかだから、家賃を絶対ためるんで、一カ月ためたらうちに請求してください』って言われた。そうやって今までずっとオフクロさんが金を送ってきてくれたから、君はずっとここにいられたんだ。だから家賃はちゃんともらっているんだけど、おまえは一銭も払ってないじゃないか。少しはオフクロさんのことを考えなさい」

大家さんが帰った後、しばらくの間、おいらは布団の上にへたりこんでいた。

感謝の気持ちが少しと、もう一つは、やっぱりオフクロからは永遠に逃げられないという……。

二度目の勝負も完敗だったわけだ。

ここは素直にオフクロの言うことを聞いて、性根を入れ替えきちんと大学に通い、兄貴たちみたいに一人前の学者か研究者になる、それでいいじゃないか。オヤジにくっついて一緒にペンキを塗っていたペンキ屋の倅《せがれ》の人生としては、それだって上出来じゃないか。まず、おいらはそう考えた。

いくらオフクロの半ば仕組んだ世界であるとはいえ、それでどこに不満があるんだ。具体的な不満なんて、どこをどう考えても見つからなかった。

ガキの頃の遊び仲間を思いだして見ろよ。みんな工員か、タクシーの運転手か、でなきゃヤクザの使いっ走りだ。連中とおいらとどこがどう違ったか。どこも違いやしなかった。いや、ただひとつ、母親だけ違った。

一方で、こんな声もした。たけし、おまえは、おまえだけしかできない何かになりたいんじゃないのか。でも、何かってなんだ。毎日腹出して昼まで寝ているようじゃ、昔夢見た野球の選手はもちろん、役者だってなれっこないことぐらいはわかっていた。じゃあ、おいらにしかできない何かとは何だ。いくら考えてもわからなかったが、その何かに、やはりおいらは挑戦したかった。

だいいち、オフクロとの勝負だって、負けっ放しじゃないか。あのオフクロにしてこの子ありだが、負けっ放しで新しい人生を始めることだけは嫌だった。せめて、オフクロに一矢《いっし》報いてからだ。

そう考えると、腹は決まった。

＊

オフクロは、今九十二歳だから、亡《な》くなった杉村春子さんより四つ上。明治女と言うことになる。おまけに、おいらは四十過ぎの子供だ。はなっから勝ち目のない戦いであったのも、当然かもしれない。

だから子供のときオフクロをへこましてやろうと思って、「母ちゃん、どうしてこんな年でおれを産んだんだ」って訊《き》いた。すると、「おろす金がなかったんだよ」って、あっさりはねかえされた。

口癖は、「あたしはもともと高山男爵家の女中頭をやってて、子供の教育係だったんだ。おまえたちのお父ちゃんとは教養が違う」だった。

これは相当怪しいんだけれども、オフクロは師範学校を出て、すぐ男爵家の教育係に呼ばれたほどの才媛《さいえん》だったんだという。

そもそも、おじいちゃんは由緒《ゆいしょ》ある家系の人だとも子供たちに吹き込んでいた。

「何で」って尋ねると、そのおじいちゃんの形見の刀を、質屋に出したら国宝級だってことがわかった。持っていったオフクロの親父《おやじ》が、どこで盗んだんだって逮捕されちゃう事件があったと教えてくれた。

後で調べたら、幕末の頃、オフクロのおじいちゃんというのが佐倉の庄屋の前にきれいな着物を着て捨てられていた。そばに小判と日本刀が置いてあったらしい。それで、刀が国宝級なら、じいさんは官軍から逃げた幕臣の血筋だろうということになった。

どこまで信用できるかわからない話は他にもいっぱいあって、オフクロは男爵家の紹介で、最初は海軍中尉《ちゅうい》と一緒になったんだとも言っていた。それでオフクロは、北野という姓になったんだって。その中尉が死んだ後、「北野」って名前を残せって言われて、養子という形でオヤジをもらった。

だから、オヤジは「北野」じゃないらしい。おまけにオフクロは、あの人は二人目なんだと公言してはばからなかったから、オヤジがぐれるのも無理はなかったんだ。

*

日帰りとはいえ、一人で列車に揺られて旅行に行くなんて、ずいぶん久しぶりのことだ。近くの席のサラリーマンたちはみんなすやすや寝息を立てている。

朝っぱらから飲むビールは、ゆっくりと身体《からだ》の中を回っていく。今、どこを回っているか、具体的にわかるほどだ。バイク事故以来しばらく禁酒していたので、少量でもほろ酔い加減になる。

早春の低い太陽の光がまぶしく、外の景色はゆらゆら傾《かし》いでよく見えない。眼を細め列車のリズムに身を任せていると、昔の話が次々よみがえってくる。

つまみのさきいかが妙にうまい。そういえば、うちは食い物にはずいぶん厳しかった。「男爵家は食べ物にうるさいんだからね」って、妙な理屈を言いながら、男爵家流に子供をしつけようとした。例えば、駄菓子やなんかはだめで、男爵家であれなら身体にいいと言われたことがあるものだけを買ってくれた。さきいかなんて、絶対だめだった。

とにかく、食い物に関しては、誰にも一切文句を言わせない。みんなでご飯を食べるときの緊張感っていうのはたまんなかったな。楽しいなんてことは一切ない。ただひたすら食事に集中するだけ。

「また今日も、コロッケ！」なんて言った瞬間に、「はい、食わないの。嫌ならやめなさい」って、コロッケはちゃぶ台からなくなってしまう。「身体にいいんだから、食べなさい」なんてことは絶対言わなかった。

「いや、それ、まだ……」ってコロッケを取り戻そうとしても、「食わないんだろ。食わなくたっていいんだ、おまえなんか。死んじゃえ」でおしまい。

下手すると、そのまま明くる日まで食うものがなかった。だから二回目から黙って食っちゃうしかない。兄貴たちもみんなそうしていた。自由にさきいかを食える時代がくるなんて、当時は想像もできなかった。

実際問題として、参考書買う金はあっても、食い物にはあまりお金をかけないというのが、オフクロの方針だった。その参考書のため、オフクロは儲《もう》け話とあれば、いろんなことに手を出した。

向かいの大工のおかみさんっていうのが、アルバイトをよく見つけてくる。大工といっても、棟梁《とうりょう》じゃなくて職人大工だから、金がないのはうちと同じで、仲がよかった。

そのおばさんがヨイトマケを見つけてきたり、造花をつくる内職なんかに誘ってくれた。それから西新井大師の草だんごを丸めるアルバイトとか、とにかく、いいのあるよっていわれると、バーッと行く。どこにでもオフクロは顔を出していた。

ペンキ屋の仕事も、もちろん手伝っていて、特に灰汁《あく》洗いというのがあった。古い仏閣や神社とかの建物についている煤《すす》を落とす作業だ。まず、苛性《かせい》ソーダで洗い、蓚《しゅう》酸《さん》で洗い、最後に濡《ぬ》れたぞうきんで、全部拭《ふ》いていく。使う薬品の量が間違っていたりすると、「ソーダの花が咲く」って言って、粉を吹いたみたいに白くなるから、なかなか難しい。これは、家族じゅうでやっていた。

亭主がちっとも金を入れないということもあったかもしれないが、オフクロは身体を動かして働いていないと落ち着かない性分だったんだろう。

それでいてオヤジは、もっぱら酒を飲んでいるだけだから、教育とか、そういうことに対しては意見が全然合わなかった。

オヤジは人はいいというか、要するに気が小さい。で、とにかく酒を飲んでしまう。うちの近所にテレビなんか何もないときに、一番上の兄貴がコネ使って安いテレビを買うという話になった。それだけでオヤジは、今日、テレビが来んのかって朝から飲んでしまう。酔っちゃって、テレビが来るまでにベロベロになっている。何だか知らないけれど、テレビが来るってだけで酔わずにはいられないってわけだ。

オフクロは、そういうオヤジを、やっぱりばかにしていた。ばかにしてた割には、子供はいっぱいつくってるわけだから、嫌いじゃなかったんだろうけれどね。

オヤジは、子供を職人にさせたかった。ペンキ屋か左官屋か。それが、みんな大学行っちゃったんで、「何で職人のガキなんか大学にやらせんだ、何の稼ぎもねえのに」って、年中こぼしていた。

「これからはね、大学出なきゃ絶対食えないんだから。職人なんかばかなんだから」

「何だ、ばかやろう。ばかな職人で、おまえら食ってんじゃねえか」

しょっちゅうもめていた。

うちの兄弟は、重一《しげかず》、安子、大《まさる》、武の四人ということになっているが、本当はその上に、死んじゃった「勝《まさる》」という出来のいい兄貴が、もう一人いたらしい。

これがどうも菊次郎の子供じゃなかったみたいなんだ。大なんかは、多分、例の死別した海軍中尉の子じゃないかなんて言っている。

というのは、天才だったって、オフクロによく聞かされたからだ。仏壇に写真が飾ってあって、線香を上げるたびに、「たけし、かっちゃんは偉かったのにな、お前の一番上だよ。これはできたんだ」というようなことをしじゅう言われた。言外に、おまえら菊次郎の子供はばかだっていう意味だから、がっくりきた。

「貧乏は教育で断つ」という、おいらたち子供を育てる上での基本方針は、そのあたりの複雑な事情から来ているのかもしれない。

それに対して、おいら以外の兄弟は、まあ実によく期待に応《こた》えた。

一番上の重一っていう兄貴はとにかくすごかった。金がないから夜間大学に行ったり、あと青山の英速記に行ってたり、それから聖橋《ひじりばし》高校ってのがあって、そこの先生もやっていた。かと思うと、自分で千葉大の工学部とか、東工大にも出入りした。結構、特許も持っているはずだ。

オフクロを別にすると、この長兄が親代わりに働いてくれたおかげで、残りの弟たちが大学の門をくぐれたというわけだった。

＊

気がつくと、列車はあっという間に高崎に着いた。ビジネスマン風の大部分はそそくさと降り立ち、代わりにおばさんたちの旅行グループがどかどかと乗り込んでくる。

まあ、主婦というのはつくづく暇になったものだ。亭主が働いている間の温泉旅行なんだから、いい身分じゃないか。

かつてのおいらの家とは、えらい違いだ。ごくごく子供の頃、おいらは働いているオフクロの背中に常におぶわれていたような気がする。

かすかな記憶の糸をさらにたどっていくと、オフクロが自分の肩越しに、「おまえはだれの子だ」とおいらに聞く。そうするとこっちは、「アメリカ人の子だ」って答えた。いったいぜんたいなんだってアメリカ人の子だなんて返事したのかはよくわからない。だが、兄貴に聞いても、おまえは、ずーっとそう言ってたよという。

だから、うちの近所のばあさんたちは、おいらのことを「アメリカさん」と呼んだらしい。我ながら、妙な話だ。オフクロか誰かに、アメリカはいいというような話を子守歌として刷り込まれて、そう答えるようになったのかもしれない。

結局、両親とも年取って出来た末っ子ということもあって、自分では意識しなかったが、相当かわいがられて育ったことは間違いない。

小学校ぐらいになると、今度は、ばあさんに猫かわいがりされた。この人はオヤジのお母さんで、元娘義太夫の師匠だった。だから、うちに帰ると、ベンベケベンベケ三味線の音がしていた。

そもそもうちは、台所を入れて三部屋しかない。オヤジはだいたい、台所の床で寝ていた。オフクロと兄貴と姉ちゃんとおれが一部屋だけど、布団《ふとん》は二つぐらいしか敷いてなかった。

冬になるとみんな、「たけし、おまえ、早く寝ろ」って言う。そうして、後から「ハァー」とかっていって入ってくる。おいらは湯たんぽがわりなんだ。

ばあさんはばあさんで、台所の横の一部屋に寝ていた。そもそも、だれかの妾《めかけ》だったらしいけど、別れてきちゃって、年だというんでオフクロが引き取ったようだった。

そういう間柄だから、嫁姑《よめしゅうとめ》なんていうややこしい関係なんか全然ない。ばあさんとオヤジの方が仲は悪かった。ばあさんもオフクロの方にくっついて、「あのばか帰ってくる前に、みんな寝ちゃいな」なんていって、みんな先に寝ちゃうんだから。またしても、オヤジは一人で浮いてしまって、ぶつぶつ言いながら台所で横になる。

今は父親の復権とか父親は偉くなくちゃいけないとか言うけれど、昔だってオヤジ一人が威張りくさっている、そんな絵に描いたような家庭なんてあんまりない筈《はず》だ。少なくともおいらの家は完全に女権の方が強かった。

とにかく、ばあさんもオフクロも口が悪い。今にしてみれば、おいらなんて、完全にその血を引いているというのがよくわかる。でも、当時はむしろオヤジに近いと思っていた。オフクロに変なこと言われてねじくれているのを見るにつけて、あーあ、オヤジもまたやられてる、かわいそうだなあと同情していた。

友達もまた、オフクロの憎まれ口の被害者だった。

「おーい北野、遊びに行こう」って来ると、「ちょっと」ってその子を呼んで、「うちのばかと付き合うとあんた悪くなるよ。グレてばかになるから。うちのガキはばかなんだから、帰りなさい」って無理矢理帰してしまう。「二度と来るんじゃないよ、うちに。ばかがうつるから」

一方で、おいらには、「あんなばかとつき合うんじゃないよ、おまえは。あいつら頭悪いんだから」って。

＊

ばかをうつしたんだか、うつらなかったんだかわからないが、浪人してとにかく大学には入った。ところが前述したように、二年後にやめた。

それまでオフクロとの戦いには負け通しだったが、ここそが勝負のしどころだと思ったのが原因だった。

思ったには思ったけど、すごいプレッシャーだった。大学やめるというのは、おいらにとって下手すると、オフクロとの全《すべ》ての関係を断ち切るという感じがあった。ひいては、自分のこれまでの人生とおさらばする。つまり新しい混沌《こんとん》の世界に無理矢理入り込むような、そんな気がした。

頭もぐらぐらしてきて、一種異様な精神状態になっていたと思う。これが、男にはわからない生みの苦しみってやつかとも考えてみたりした。

その頃、新宿の「ビレッジゲート」というジャズ喫茶のボーイとして働いていた。思い詰めた表情をしていたのは、おいら以外にもいっぱいいた。直接会ったことはないが、連続殺人の永山則夫《ながやまのりお》も同じところで、バイトしていたらしい。一歩間違えば、おいらだってとてつもない凶悪犯罪を犯していても不思議はない。時代からして、そんな閉塞感《へいそくかん》がいっぱいだった。

半分ヤケクソだったが、とにかく退学届けを出した。その瞬間、まわりの風景が違って見えたんだ。何もかもが、初夏の光を浴びたようにキラキラと輝いていた。お茶の水をカルチェ・ラタンなんて呼んで、実存主義がどうの、サルトルがどうのなんてはしゃいでいる学生たちとは、自分は全然違うんだ。平たく言えば、大人になったんだと、昂揚《こうよう》した気分でそう感じた。

芸人になろうと、時代遅れの浅草へ出かけて、深見千三郎師匠の門を叩《たた》くのは、それからもうしばらく後のことになる。

変な話だが、大学をやめることができた、ということが、自分の妙な自信になった。フランス座でいくら貧乏していても、俺は大学をやめることができたんだからって、全然こたえなかった。あの頃の大学というのは、それだけすごい存在でもあったんだ。

ある意味で、オフクロの呪縛《じゅばく》も解けたのかもしれない。だけれども、大学をやめれば、それで終わると思っていたオフクロとの戦いは、実は終わらなかった。最後の勝負は、そのとき幕を開けたばかりだった。

＊

横川の駅で釜飯《かまめし》を買う。ビートきよしと組んでツービートを始めた頃、ドサ回りでこのあたりにもよく来たものだったが、ギャラが少なくて弁当を買う金すらままならなかった。当時の開閉式の窓にわーっとたかってくる弁当売りのおじさんを見ただけで、おなかがグウと鳴ったほどだ。

いくらひもじい思いをしても、オフクロに泣きつく気はなかった。学校をやめて、下宿を引き払って友達の家に転がり込んで、その間、家と連絡を取ることなど全くなかった。兄弟とも会っていない。

義太夫語りの芸人だったばあさんの血が突然騒いだのか、ふと思いついて、浅草へ飛び込んだときも、自分一人でこっそり事を運んだつもりだった。

後で訊《き》くと、オフクロは、おいらが学校やめたのも知っているし、フランス座に入ったのも知っている。それどころか、一時浅草を逃げ出して、埼玉の家具屋でアルバイトしてたことも知ってるから驚いた。でも、今回はもう、おいらに干渉してくることはなかった。

やがてフランス座を離れ、きよしという相棒とツービートを名乗った。松竹演芸場に出られるようになったはいいが、仕事はろくすっぽなかった。ギャラは一日千五百円だったが、二で割るから七百五十円。それがせいぜい十日である。フランス座よりひどい暮らしになった。

だが、希望だけは溢《あふ》れんばかりだった。金はないが、名前だけは徐々に知られるようになっていった。

そんなある日、いつものように演芸場の舞台に立っていると、客席に知った顔が見える。うちの近所の人がたまたま見に来ていた。

出番が終わると、その人が楽屋に来て、「たけちゃんが出てるなんて、びっくりしたよ」という。そのうち、「オフクロさんに会ってるの?」なんて話になった。「会ってない」って答えると、「たまには帰ってあげなよ。漫才やってるの知ってるよ。うわさ立ってるし」って。

それで、帰った。実家の門をくぐるのは、五年ぶりぐらいだったと思う。深呼吸をひとつして、「ただいま」と玄関を開けた。

そしたらいきなり、「やめな、早く。芸人なんか、なって。おばあさんで懲《こ》りてるんだ、うちは」って、顔を合わせるなり怒る。

「どうしてこんな芸人のオヤジ方の血が流れちゃったのかな。おまえにまた出ちゃった。どうせ売れやしないんだから、やめろ。大学戻るんならお金出してやるから、戻んな」

「いや、もう行かない」

「あーあ、どうしてそうなんだろう」

再会の感激も何もない。面と向かって怒鳴られていると、あっという間に時空を越えて、単なる昔の母子に戻ってしまった。

そうなるとこっちは、もう「悪い、悪い」しかない。大学入れてもらうわ、下宿代出してもらうわ、全部裏切ったから。説教されているうちに、昔の負い目を全部思い出してしまった。

でも、よく考えると、素直に申し訳ないなんて気持ちを持つようになったこと自体、初めてであって、やっとオフクロと対等になれたのかなとも思った。完全にオフクロの手元から抜けたとこで、一対一となったような、そんな感じがしたんだ。

とは言うものの、申し訳ない、申し訳ないだけじゃしょうがない。だったら、まあ売れりゃいい、と帰る道すがら考えた。売れなかったらどうしようという頭はなかった。

今なら少し考える。売れなかったら、まず今食ってる釜飯はない。ビールも、グリーン車の指定席もない。オフクロの見舞いに行くこともない。

相変わらず、家族に連絡もせずどこかで芸人やってたんじゃないかな。やっぱり、あの時点では多少なりとも売れて、自分なりに将来の目論見《もくろみ》が出来ていたから、のこのこ帰ったんだろう。

ストリップ劇場で一緒にコントをやっていた仲間の中には、結局芽が出なくて、今でも家に帰れないのがたくさんいる。

やがて、テレビにも出、給料が百万円をこえたとき、おいらはまた何を思ったか、久しぶりに家へ帰ろうと思った。電話を入れるだけでドキドキした。

オフクロが出て、「最近テレビに出てるね。金稼いでんのか」なんて、随分優しい言葉を掛けてくれるので、こっちも「まあまあ」なんて返事をしたら、いきなり「じゃあ、小遣いくれ」ってせがまれた。何なんだ、このオフクロはって、がっかりしたね。

ならば、ちょっと目に物見せてやろうと思って、三十万円用意した。それで寿司屋《すしや》に誘って、「母ちゃん、これ小遣い」って渡してびっくりさせる寸法だ。

ところが、「幾ら入ってんだい」と訊くから「三十万」って威張ったら、「何だそれっぽっち」って、相変わらずの憎まれ口を叩く。「たかが三十万で偉そうな顔しやがって」

じゃあ俺はどうしたらいいんだ。喧嘩《けんか》別れして、今度こそもう二度と帰るまいと誓った。

ところが、電話番号を教えたのがまずかったのか、それ以来、二カ月か三カ月に一遍は必ず電話がかかってくる。それがいつも小遣いの請求だった。

「小遣いないから小遣いくれ。二十万ちょうだい」

オフクロというのは、何だ、相変わらず金なのかなって、少し寂しい感じだった。だけど、育ての親の恩と思い、人づてに渡したりした。人間苦労すると、やっぱり金が命なのかなとずーっと思っていた。

それでいて、警察に捕まったときには、「頼むから死刑にしてくれ」と言うし、事故を起こせば、「死んでしまえばいいんだ」って言うし、相変わらずの毒舌。こっちも、オフクロにだけはそんなこと言われたかないやって、腹を立てて電話してみると、そう言わなきゃ世間が納得しないとか、もっともらしいことを言う。

それなりの考えと愛情を持って喋《しゃべ》っているのか、菊次郎の息子はやっぱりばかだと思っているのか、知りようがなかった。

で、裏では相変わらず、おいらが太田プロに入れば、太田プロに挨拶《あいさつ》に行っているから、ますますわけがわからない。で、こっちが太田プロをやめて独立すれば、また「すいません、いろいろありまして」とか謝って回ったらしい。

おいらのテレビも一通り目を通していて、電話掛けてきては評論家みたいなことを言う。

「相変わらずばあさん殺せだとか、ばかなことばっかし喋って、おまえは。近所のおばあさんたち怒ってるぞ、くっだらねえことばっかし言ってるって。もうちょっとちゃんとできないのかね」

やれやれ、おいらはこの年になっても、オフクロのことを考えると、なんだか頭が混乱してくる。まだまだ二人の間の勝負がついていないということなのかなと。

結局、おいらはオフクロの手のひらの上で踊っている人生かと、少しいらいらした気分になってきた。えい、もう一本飲んじゃえと、缶ビールのふたを開けた途端、中から猛烈に泡が吹き出し、顔にかかった。何だかオフクロが怒ったような感じがした。

＊

顔を拭《ぬぐ》っていると、いつの間にか列車は碓氷峠《うすいとうげ》のトンネルをぬけ、あたりはうっすらと雪化粧の世界となった。天気がいい分、いっそう寒そうである。冷たいビールばっかりやるんじゃなかった。おいらも、もう若くはない。飲み過ぎると、途端に小便が近くなる。

オフクロだって、もう九十二だ。年とったなあどころの騒ぎじゃない。耳は遠いし、おまけに骨粗鬆症《こつそしょうしょう》だ。

電話で「何だい、わかんない。聞こえないよ」なんてしょっちゅうだ。その聞こえないことの苛立《いらだ》ちから、また怒る。「全然わかんない、ばかやろう」って。実際は、自分に怒っているんだろう。

姉ちゃんの話によると、「ああっ、じゃまくさい」って、補聴器投げたりしてるらしい。杖《つえ》だって投げちゃう。「こんなものっ」って。

それをまた、壁をつたってよろめきながら拾いにいった、っていうんだから、笑ってしまう。

眼鏡も嫌いらしい。「ああっ、こんなものっ」って、やっぱり放り出す。

年を取るというのは、何だろう。おいらも最近苛立つことが多い。本読んでて見えないと、眼鏡をかける。ところが、眼鏡かけて本読んでいることに気がついて、わあーっとなる。何でこんなになっちゃったんだと。

オフクロは、おまけに、年寄りが嫌いなんだ。

「嫌だね、あんなの。みっともない。よろよろして」「長いことないよ、あんな者は」って悪口いう。

だけど、てめえだってそうじゃないか。

「あそこのばばあがぼけちゃって、嫌になっちゃう。何言ってるかわかんなくて」なんて言って、自分の気を紛らわせているのかもしれない。

着いたばかりの軽井沢駅は新幹線の工事だとかで、やたら喧《やかま》しい。そこらじゅうに薄汚れたシートがかかっていて、少し前の、結婚式なら軽井沢の高原の教会で、なんていうしゃれたイメージはどこにもなかった。おまけに、駅前に約束の迎えもきてやしない。

結婚といえば、おいらはそもそも結婚式なんて何もやらなかったし、籍入れた覚えもない。いつの間にか、かみさんがおいらの判こ持っていって押して、勝手に夫婦になっちゃった。

唯一《ゆいいつ》盛り上がったのは、かみさんがオフクロに会いに行ったことぐらいじゃないか。さんざん説教されたって、ぼやきながら帰ってきた。

「あんたちゃんとしなきゃいけないよ。お金はどうなってんだ。どうせ芸人なんか落ち目になるんだから、お金だけはちゃんとやんなきゃだめだよ。うちに来られたって、一銭もないんだから」

それでいて、帰りしなに「毎月十万ずつ送りな」って言われたって。

自分の亭主の件もあるけど、オフクロは、男っていうのは操るもんだとだけ思っているみたいだ。うまく操縦することしか考えてないから、かみさんにも、どうやって亭主を操縦するかばっかり教える。

いろんな女の問題とか起こすと、かみさんに電話しては「あのばかは、ごめんね、悪いことばっかしして。だけど、あんた別れちゃだめだよ。取るだけ取らなきゃ」

こんな指南役がついているんじゃ、男はかみさんに勝てっこない。女は絶対女の味方なんだ。

おいらが離婚するかもしれないなんて報道されると今度はおいらに電話してくる。

「ばかやろう。女房泣かせば、どうせ罰が当たるんだ、おまえなんか。これ以上泣かせるんじゃないよ。ちゃんと迎えに行ってきな。一回離婚したら何回も繰り返すに決まってる。癖になるんだ、あんなものは。いいんだよ、裏で遊べば」で、かみさんにも別なときに電話して、「いいんだよ、肝心なとこだけちゃんと押さえておきゃあ」なんてなだめたりしてる。

だから、うちのかみさんなんかは、喧嘩すると必ずオフクロのとこに逃げていってしまう。それで、二人そろっておいらの悪口を言ってるんだから、始末に負えない。

うちの兄貴が家を建て直すときに、おいらは、オフクロはとにかく一番人の出入りする邪魔なところへ置きなよって言った。気を利《き》かせて、二階の日当たりのいいところなんかに置いといたら、何言うかわかんないぞ、あのばばあはって。

「あたしを除《の》け者にして、あんな遠いところに置かれた」なんて言いふらすに決まっている。だから、玄関開けたらすぐオフクロの部屋にしておいて、だれが来てもオフクロの部屋を通らないといけないようにすればいい。「こんちは」って人が来ると、「いらっしゃい」ってオフクロがお茶持ってあらわれるわけだ。

いい考えだと思ったんだけど、そうしたらそうしたで、「大《まさる》のやろうがあたしを人の出入りが激しい場所に置いて、友達がくればお茶を入れなきゃいけないわ、話し相手をしなきゃいけないわ、嫌になっちゃうよ」って電話をかけてくる。目と耳と足が悪くなった分、口だけは余計回るようになった感じさえする。

兄貴の子供が秀っていうんだけど、オフクロは、「秀君、大学入んな。大学入ったら車買ってやるから。あのばか騙《だま》して金ふんだくってやるから。いいおばあちゃんだろう」なんてぬかしたらしい。あのばか騙してって、おいらのことなんだ。

軽井沢の病院に入ったのは、年々口が悪くなるのも寂しいからじゃないか、だったら、老人病院で友達でも作ればいいっていうのがそもそもの理由だった。なにせ、あの年だと、古い友達はバタバタ倒れていっちゃって、みんないなくなってしまった。

姉ちゃんの話によると、なんとか仲のいいおばあさんが出来て、それがまた長野で名の通った家の人らしい。「あの人は家系が違う。品があるだろう、さすがに」なんてことばっかり、見舞客に自慢しているらしい。

「あの人は品があって、話が合うんだ、あたしと。違うんだ、この辺の地のばあさんとは。あの人は、何か名家らしいよ」って、相変わらずの感覚だから、笑ってしまう。逆にそういうコンプレックスをいまだに持ち続けていることが、長生きの秘訣《ひけつ》かもしれないと思うけれどね。

＊

駅の外で待ちくたびれて、このままじゃ氷の像になってしまうかという頃、姉ちゃんが現れた。

文句を言うと、五分も遅れてない、母ちゃんに似て、あんた大げさね、と笑う。病院はここからすぐ、五分くらいのところにあるというので、二人で肩を並べて歩いた。吐く息が白い。

「母ちゃんが、もうあたしには時間がないって言ってるんだよ」

「いや、そんなことはねえだろ、あのばばあは図々《ずうずう》しいから」

「でも、今度は覚悟しているみたいだから、とにかくおまえに会いたいっていってた。それから、これは母ちゃんが、たけしが帰るときに渡してくれっていう袋だから。何が入っているかわかんないけど……」

変な包みを手渡された。

「帰るときに渡せって言うなら、自分で渡せばいいのに、相変わらずせっかちなのね」

「もう形見分けのつもりか」

「たけちゃん、ばかなこと言わないでよ」

姉ちゃんはオフクロ譲りの怪力でおいらの頭をどついた。

病院に着くと、中の人が気を使ってくれて、面会用の個室を用意してくれていた。同じ部屋には、ほかのおばあさんたちがいるし、落ち着いて話せないだろうから、そっちの部屋でお母さんと会った方がいいですよって。

姉ちゃんによると、オフクロは、部屋から出るときは、車椅子《くるまいす》に乗って看護婦さんに後ろから押してもらっていたらしい。それが、おいらの部屋のちょっと前まで来た途端、あたし立って歩くから、って言い出した。

いやいやお母さん、手術したばっかしだから座ってたほうがいいですよってなだめられても、あたし歩けるからって、すたすた部屋に入ってきた。

おいらの顔を見ると、急ににこにこして、「例の商品券、持ってきたか」なんて手を出す。

仕方ないから、あり合わせの現金をカーテンの陰で渡した。だけどこれは結局、病院の方から、規則があるので御辞退させていただきますと、丁重に断られたらしい。

それでもオフクロは後で、「受け取りゃいいのに。今度は果物かなんかにしよう。作戦かえた」なんて、しきりに頭をひねっていた。

病室の友達に挨拶しろと、手を引っ張るので顔を出した後、また、個室へ戻ってくると、「どうだい」なんて、うれしそうな顔をしている。

「隣にいたろ、反対方のあのばばあがばかでばかで」

「そんなこと言うんじゃないよ」

「いいんだよ。何言ってもわかんないんだから。こっちの人はいい人なんだけど、あればかだよねえ」とか、もう絶好調。悪口のオンパレードになった。

＊

家族が三人もそろって病院にいるなんて、オヤジが死んだとき以来である。何年も寝たきりのあげくの死だったから、あの時もみんな妙に明るかったのを覚えている。

　オヤジが床《とこ》にふせったのは、おいらが演芸場の舞台に立ち始めた頃、ひとまずオフクロと和解した後だったので、病院での看病を手伝わされる羽目になった。

　兄貴たちは正業があったので、オフクロ、姉ちゃん、おいら、それから兄貴の嫁さんでローテーションを組んで、看病した。本当は行きたくなかったけれど、女性陣は次々身体《からだ》を壊しちゃうし、実の親なんだからとオフクロに命令されて、否《いや》も応《おう》もなかった。

「たけしが一番若くて元気なんだから、おまえがやれ」「演芸場に行かなきゃ」って言ったら、じゃあ夜は来られるだろうって、仕方なく夜八時ごろ行って、朝まで横で寝てた。

　でも、病院の床《ゆか》なんて、いくら上に布団《ふとん》敷いたって、冷えて冷えてとても熟睡できたものじゃない。姉ちゃんたちまでが次々と体調をおかしくしたのがよくわかる。心身共に疲れるんだ。それで、夜が明ければ、また演芸場。

　それの繰り返しで、ほとほと嫌になった。だいたい、徹夜の看病あけで、人を笑わす漫才なんてやってられない。

たまたま名古屋の仕事が入ってきた時には、心からホッとした。これで看病から逃げられると。名古屋に十日間行かなきゃってオフクロに話したら、じゃあいいよもう、あたしらがやるって、オヤジをうちへ引き取ることにした。それでまたオヤジは調子悪くなって、もう一回病院へ入って、後は行ったり来たり。悪くなったら行って、ある程度安定したら戻して、その繰り返し。

ある晩、オフクロはしみじみ言った。

「父ちゃんは本当は歩けんだ、あんなものは。それが気が弱くなっちゃって、寝たきりになっちゃったんだ、自分で」

そんな生活がずっと続いた後、オヤジは死んだ。病室で最期《さいご》を看取《みと》ってからも、オフクロは淡々としていた。

「父ちゃんも大変だったなあ」なんて呟《つぶや》きながら、身体拭《ふ》いていた。「全くもう」なんて、ぶつぶつ言ってたから、本当は悲しかったんだろうと思うけどね。

オヤジは酒乱で、しょっちゅうオフクロを殴ったり蹴《け》ったりして、その度にオフクロは泣いていた。それでも長年連れ添ったと言うことは、当事者以外には窺《うかが》い知れない情愛があるんだなあと不思議な気もした。

いつも、オフクロが泣いてて、ばあさんが謝っていた。「あのばかが、すいません」って。「うちのせがれ、ばかだから。あいつ殺してやろうかな」なんて、変な慰め方してる。それでも、オフクロから家を出ていこうと言うことはなかった。

いや、一度だけ、大工の棟梁《とうりよう》のところに逃げ込んだことがあった。オヤジが殴って、オフクロは泣きながら出ていった。しばらくしてから、大工の棟梁が来て、「菊ちゃん、何やってんだ」なんて、オヤジはこっぴどく怒られていた。

あのころの棟梁っていうのは迫力があった。喧嘩《けんか》の仲裁から全部仕切ってくれた。やくざだって抑えていたね。それ以来、オヤジも静かになったんだ。

「たけし、何黙ってんだい。死んだ父ちゃんのこと考えてんだろ。あの人はほんとロクデナシだったよ」

オフクロの声で現実に引き戻された。

そんなに長居をしたつもりはなかったが、一月の日は短く、あたりはあっというまに黄昏《たそがれ》てきた。帰りたいというような素振りを見せると、じゃあ、看護婦さんにも挨《あい》拶《さつ》していってくれと、姉ちゃんに呼びに行かせる。オフクロが一人一人紹介するのに、首をすくめて軽く会釈《えしやく》だけした。なんだか照れくさい。こういうことは子供の頃から苦手なんだ。

先生のところにも行って来いと言うんで、診察室を覗《のぞ》く。ちょうど、すいている時間だったらしく、病状を説明してくれる。それによると、オフクロが思いこんでいるほど、重症ではない、とにかく年齢のわりには、頭はしっかりしています、という。そりゃあ、あれだけ口が回るんだから、頭は大丈夫だよなと、一人呟く。

ただ、骨がかなりもろくなっていて、いろんな治療をしているけれど、それはもう年なんだからしょうがないんです、という話だった。

「帰るよ」と言うと、急にオフクロは、おいらの手を握り、「たけちゃん！」なんて潤《うる》んだ目で小さく言う。ところがおいらが、「また来るよ」なんて甘い返事をした途端、「来なくていいよ。最後に一回来りゃ」なんて、急に強い口調になる。

「今度おまえが来るときは、あたしは名前が変わってんだ。戒名がついてるからさ。

葬式は長野で出すから、おまえは焼香にだけ来りゃあいい」

どこまでも強気なオフクロに戻った。

駅までの坂を、姉ちゃんとぶらぶら下りていくと、たけちゃんの前ではああだけど、本当は涙が出るほど嬉《うれ》しいのよ、と聞かされる。

「きのうから大変だったんだよ。よく寝られなかったみたいなんだから」

「うん」

「おまえの顔を見りゃ相変わらずあれだけど、とにかく喜んでたよ」

駅に着くと、ちょうどうまい具合に、列車の来る時間だ。

「またいつか来るよ。オフクロによろしく」

手を振って姉と別れた。

売店でビールを買い込み、ちょうど目の前に止まった車両に飛び乗った。今度は、がらがらだ。

トンネルをくぐり、釜飯《かまめし》も通り過ぎ、遠くに高崎の街明かりがちらちら見えるようになって、そういえば、来たときに姉ちゃんから渡された形見分けとやらの袋のことを、ふと思い出した。

病院の先生はまだ大丈夫と言っているのに、こんな小汚い袋で形見分けだなんて、オフクロもやきがまわったかな。頭はまだまだしっかりしているという話だったけれど、実はボケてて、中に菊次郎のふんどしでも入ってんじゃあねえだろうなあ、そんなことを考えながら、中身を引っぱり出した。

何だ、これは。おいらは言葉を失った。それは、おいら名義の郵便貯金通帳だった。

通帳をめくると、遠く見覚えのある数字が並んでいる。

51年4月×日　300,000
51年7月×日　200,000
おいらが渡した金が、一銭も手つかずにそっくりそのまま貯金してあった。

三十万、二十万……。一番新しい日付は、ほんのひと月前だった。軽井沢郵便局のスタンプが横にある。全部で一千万円近くになっている。

車窓の外の街のあかりが、にじんでみえる。最後の勝負は、おいらが九分九厘《くぶくりん》勝ったはずだったのに、最終回にひっくり返されたというわけだ。

兄貴たちから聞かされていたことを思いだした。

「オフクロは、いつもたけしのことを心配しているんだよ。芸人なんていつ落ち目になるかわからない。私は亭主の仕事がバタッとこなくなったとき、どうなったか知ってるんだ。その時に貯《たくわ》えた金がなかったら終わりなんだよ。あいつはばかだから入った金はどんどん使っちゃってるだろう」

オフクロは、おいらの人気なんか明日にもなくなる、と心配していてくれていたんだ。

なんだかうろたえたような気持ちになって、真新しいノートを広げた。何故《なぜ》か急に、いままで作ったこともない俳句をひねりたくなった。まず、最初の一句。

「古池や　ビニール包みの　変死体」

こんな時でも、どうしようもない駄句しか浮かばないおいらは、オフクロの言うとおり、いずれにせよロクなもんじゃない。

あーあ、おいらはやっぱり菊次郎の血ばっかり引いているんだろうなと思うと、嬉しいような情けないような、曰《いわ》く言い難い気分になってきて、あわてて新しい缶ビールのふたをひねった。

KIKUJIRO

おいらが初めて自分のオヤジの顔をまともに見たのは、小学校二年生に上がったばかりの頃だった。そんな話は誰も信じてくれないかも知れないけれど、本当にその日までオヤジと言葉を交わした記憶が一切ない。それどころか、どんな風貌《ふうぼう》の男なのかさえ、わかっちゃいなかった。

最初に見たオヤジの姿は、今でも強烈な印象として頭に残っている。夕方、仕事から帰って来るや否《いな》や「酒出せ」と叫び、オフクロが何か言い返した途端、ものの見事にちゃぶ台をひっくり返した。まさに漫画に出てくる酔っぱらいの極道オヤジそのものだったが、それがオヤジに関するおいらの最初の記憶だ。

それまで、おいらにとってオヤジは得体の知れない怪物みたいなものだった。洞窟《どうくつ》とか湖で「あそこに行くと怖い怪物が出るから、行くんじゃない」と噂《うわさ》はされているけれど、姿は一度も見せたことがない怪物。そんな存在だった。だから、〝ちゃぶ台返し〟を見た時は、怪物め、ようやく正体を現したか、という感じだったのを覚えている。

もちろん、オヤジの名前が菊次郎だということや、仕事はペンキ屋だということくらいは、小学校に入る前くらいに何となくわかっていた。でも、なぜか顔を合わせることは一度もなかった。それは今から考えると、おいらを可愛《かわい》がっていたオフクロとばあちゃんが、毎晩のように酔っぱらって暴れるオヤジをおいらに会わせまいとしていたのだろう。

夜になると、オフクロとばあちゃんは必ず、おいらを早い時間から寝かしつけようとした。おいらは眠くなくても、「早く寝な」と言われるので仕方なく隣の部屋へ行き、布団《ふとん》に入ってると、やがてオヤジが帰ってきた気配がする。

しばらくすると、人を殴りつける音とオフクロの泣き声、それから「やめなよ、何するんだ」とばあちゃんが必死に止めている声が立て続けに聞こえてきて、最後にオヤジが「うるせえ、ババア」と怒鳴りだす……。そんなことがしょっちゅうだった。

おいらの家族はオフクロとばあちゃん、兄貴が二人に姉貴が一人。それだけの人数が、三部屋しかない狭い家の中にひしめいていた。オヤジは、どんなに暴れても上の兄貴が帰ってくると、奥の部屋に引っ込んでしまった。上の兄貴はおいらと違って出来がよくて働き頭だったから、オヤジは頭が上がらなかったのだろうと思う。

その狭い家に、おいらが犬を連れてきた時は大騒ぎになった。雑種の犬で、近所の煎餅屋《せんべいや》のおばちゃんに「よかったら連れてってくれ」と頼まれたのだが、最初はオフクロに猛反対された。「きっと父ちゃんが悪さするから捨ててきな」と言って、絶対に首を縦に振ろうとしなかった。オヤジは大の動物嫌いだったから、絶対ロクなことにならないと思ったのだろう。

仕方なく、おいらは近所の原っぱまで捨てにいったけれど、しばらくしたらその犬が戻って来て家の前にいる。おいらはその犬が無性に可愛くなり、飼いたくて仕方なくなってしまった。でも、オフクロは無情にも「もっと遠くへ捨てておいで」と言う。

いろいろ考えた末に、いいことを思いついた。もう一度、犬を連れて遠くの方へ出かけて、時間を置いてまた一緒に帰ってきたのだ。そして、「母ちゃん、こいついい犬なんだ。おれ、迷子になったんだけど、こいつの後をついて来たら、ちゃんと家に帰れたんだ」。そう言ったら、オフクロは笑って、「いい犬だね。飼ってもいいよ」と許してくれた。今思うと、あれがおいらの生涯で最初のギャグだったかも知れない。

結局、玄関の横で飼うことになったのだが、案の定オヤジは犬を毛嫌いした。その晩から、オヤジが帰ってきたことは犬が知らせてくれるようになった。そろそろ帰ってくるかと家族全員で身構えていると、やがて「キャン」という犬の鳴き声がする。酔っぱらったオヤジが、足元にいる犬を必ず蹴《け》とばしていたのだ。すると、オフクロが「おまえら早く寝ちゃいな。また酒飲んでるよ」と、おいらたちを隣の部屋に追いやる。まるで空襲警報みたいだった。

そんなことが一カ月くらい続いたある晩、その犬が「キャン」の代わりに「ガウガウ、グゥーッ」と、ものすごい声で吠《ほ》え始めた。続いて、「何しやがるんだ、この野郎」というオヤジの悲鳴。

とうとう、犬がキレてオヤジの足に噛《か》みついてしまったのだ。オヤジは、「飼い主を嚙むとは許せねえ。殺してやる」と大騒ぎしたけど、オフクロに「生き物を殺すとバチがあたるよ」と言われて、シュンとなってしまった。そこで仕方なく、「あ痛て」と足を引きずりながら家の中に入ってきたんだけど、その姿の何ともマヌケなこと。おいらも姉貴も布団をかぶって寝ようとするけれど、おかしくて仕方ない。必死で笑いをこらえていた。

普段エラそうにしている奴《やつ》ほど、ズッコケた時には一段と笑われてしまうという、ギャグの基本をその時、おいらは初めて知った。あの時の家族全員が一瞬、シーンと静まり返ってから笑いがこみ上げてくるまでの、世界が止まったような雰囲気。あの感覚が、間違いなくおいらのお笑いの原点になっている。

その騒ぎの後、犬はオヤジの顔を見ると隠れてしまうようになった。きっと、犬なりに悪いことをしたと反省したのだろう。

＊

犬と言えば、オフクロはオヤジに「エス」というあだ名をつけていた。オヤジは床屋が好きで、大して髪が伸びていなくても、しょっちゅう刈ってもらいに行っていた。当時の散髪代は、確かラーメンと同じで三十円くらいだったと思う。床屋に行くとオヤジは必ずポマードか何かを塗ってもらい、テカテカの頭になって帰ってきた。

その頭が家に近づいてくると、オフクロはおいらたちに「エスの野郎が帰ってきたよ」と言うのが常だった。「エス」というのは裏の家が飼っていた犬の名前で、真っ黒で毛の艶《つや》がよく、いつも身体《からだ》じゅうがピカピカに光っていた。その黒光りの具合が、床屋に行きたてのオヤジの頭とそっくりだったのだ。

「エスみたいな頭しやがって、エラそうにするんじゃないよ」

オフクロは、オヤジのことを陰ではずっと、その名前で呼んでいた。

その床屋から、オヤジが血まみれの顔をして帰ってきたこともあった。あの頃の床屋は値段が安かったせいか、いつも混んでいた。しかも、オヤジが行きつけの床屋は主人と従業員が一人しかいなかったから、夕方になると疲れがたまって手元が危なくなっていた。その日、オヤジが行ったのもちょうどそんな時間帯だったのだろう。

「痛てえよ」といいながら家に入ってきたオヤジを見ると、ほっぺたや顎《あご》のあたりに細い血の筋がいくつも流れて、縞模様《しまもよう》になっている。驚いたオフクロが「どうしたんだい」と聞くと、「床屋のやつが寝ぼけて顔を剃《そ》るから、こんなになってしまった」と半べそをかき始めた。

オフクロが呆《あき》れて「何で、そんなになるまで黙ってたんだい」と言うと、「だって悪いじゃねえか。オレが痛てえというと、ハッとしてちゃんと剃ってくれるんだけど、ちょっとたつとまた、カミソリが横にすべっちまって——。よっぽど疲れてんだろうな」。スイカみたいな顔をして、しばらく「痛てえ、痛てえ」とうなっていた。

オヤジは素面《しらふ》の時はいたって気の小さい男だったから、そんな姿はよく見かけた。冬になるとおいらの家の近所では、よくみんなが集まって焚《た》き火をしていた。誰かが家と家の隙間《すきま》の空き地で枯れ草を集めて火をつけると、そのうち自然に人が寄ってきて世間話を始めるのだが、オヤジがまた大の焚き火好きだった。

ある日、焚き火を見つけたオヤジが家に飛んで帰ってきた。そして、息を切らしながらオフクロに「イモを出せ」と要求して、サツマイモを抱えるとまた焚き火のところまで駆けだしていった。

それから、みんなの目を窺《うかが》いながらそっと火にイモをくべて、家で焼けるのを待っていた。その間も「まだ焼けねえかな」と、しきりに時計を気にして落ち着かない。やがて、「よし、四十分たった。そろそろいい頃だな」と立ち上がり、おいらを連れて焚き火のところへ戻った。

ところが、火の中をのぞいても肝心のイモがどこにもない。葉っぱをガサガサとひっくり返しても見当たらない。オヤジがうろたえて周りを見回すと、近所のお百姓さんがイモを頰ばっている姿が目に入った。息を吹きかけながら、実にうまそうに食っている。

オヤジは、その姿をしばらくじっと見つめていたけれど、何も言わずにそのまま家に帰ってきた。「それはおれのイモだ」という一言《ひとこと》が出てこなかったのだ。家に着いた途端、「オレのイモを食っちまいやがった」と大騒ぎが始まった。「あの百姓！」と、地団駄踏んで悔しがっている。おいらは子供心に情けないと思ったものだ。

一度だけ、おいらの小学校の授業参観にオヤジが来たことがあった。オフクロは典型的な教育ママだったから、父兄参観日には必ず来ていたのだが、その日はたまたま知り合いの葬式と重なって、代わりにオヤジが来ることになったのだ。

でも、「悪いけど、おまえさんが行ってくれ」とオフクロに言われた瞬間、オヤジは固まってしまった。「嫌だ。そんなもの行きたくねえ」と必死に抵抗している。小学校さえ卒業したかどうか怪しいオヤジにとって、学校はさぞおぞましい場所だったに違いない。

結局、オフクロに説得されて行くことになったのだが、当日は朝、おいらが家を出ようとする時からもう、一升瓶を抱えてコップ酒をあおっていた。そして、その勢いで教室に現れたのだ。

「北野」と大きく染めぬかれたハッピにボンタン姿、足には地下足袋を履いた職人風の男が、足元をふらつかせながら入ってきたものだから、教室が実に異様な雰囲気になってしまった。まるで、ラッキーセブンのコントみたいな恰好《かっこう》だ。おまけに酒の匂《にお》いをプンプンさせている。

そして、先生が「誰か、この問題がわかる人、手を挙げて」と言った瞬間、後ろから「さっさと手を挙げろ。このヤロウ」とオヤジの怒鳴り声が聞こえてきた。おいらが「さっさと帰れよ、この酔っぱらいが」と思っていると、今度は何と隣りにいる誰かの母親に向かって「何だ、てめえ。ガンつけやがって、このヤロウ」とからみ始めた。きっと、そのおばさんが嫌な顔をしてオヤジのことを見ていたのだろう。「偉そうに着飾りやがって。この辺はな、てめえなんかが住むところじゃねえんだぞ、このヤロウ」と、聞き捨てならない言葉が次から次へと口をついて出てくる。たまりかねた先生が、「ちょっと。誰なんですか、あなたは」と止めに入った。

「誰だ、だと？　オレは武の親だ、このヤロウ」オヤジはすごんでみせるのだが、先生の「帰って下さい」の一言で、何も言えなくなってしまった。しばらく先生を睨《にら》んでいたが、「覚えてやがれ、このヤロウ」と捨てゼリフを吐いて、教室を出ていった。後にとり残されたおいらの、バツの悪いことといったら——。身を縮めて、ひたすら授業終了のチャイムを待ち続けた。

この話には続きがある。おいらから事の顚末《てんまつ》を聞いたオフクロは、翌日、菓子折りを持って学校へ謝りにいった。その時のおいらの担任は、フジサキという大学を出たばかりの若い教師だったが、おいらのために必死になって頭を下げ続けるオフクロに好感を持ったのか、それから時々、おいらの家に遊びに来るようになった。

オフクロも喜んで、先生が来るとゴハンを食べさせてやり、ほかの子の母親と一緒に先生の家へ行って洗濯や掃除をしてあげたりもしていた。きっと、おいらの成績を少しでも上げてもらおうと必死だったのだろう。

そのうち、フジサキ先生はおいらの家でゴハンを食べた後、酒も飲んでひっくり返り、そのまま眠りこんだりもするようになった。オフクロは嫌な顔をしないどころか、嬉《うれ》しそうに毛布をかけてやったりしていたのだが、オヤジにはそれが気に入らなかったらしい。ある晩、先生が帰った後で急に烈火のごとく怒りだした。

「オレのいない間に、あんな奴を家に引っ張りこみやがって。てめえ、あいつとできてやがるな、このヤロウ」

オフクロは呆れてまともに取り合おうともしない。それがオヤジの怒りを煽《あお》ったらしく、「あんなツバメを作りやがって」と、鬼のような顔になって怒鳴り続けていた。

その頃のおいらには「ツバメ」とか「できてる」の意味がわからなかったので、オヤジが何を怒っているのかまるで理解できなかった。フジサキ先生の悪口を言っているんだなということはわかったけれど。

高校生の頃、そのやりとりをふと思い出して、そうか、オヤジはあの当時オフクロと先生の仲を疑ってたんだと気づき、馬鹿々々《ばかばか》しい気持ちになったのを覚えている。

＊

要するに、人一倍照れ屋で小心者で、酒を飲まないと言いたいことも何一つ言えない。その代わり、一度暴れ出すと手がつけられなくなる。オヤジはそんな男だった。おいらが生まれ育った東京の下町には、そんなタイプの男が多かったと思う。

オフクロはそんなオヤジのことを「あんな人、初めて会った時から嫌いだった。あの人の吐いた息を吸うのさえ嫌だったよ」と言っていた。でも、そのくせ子供を四人も作ったのはどういうことなのだろう。おいらには理解不能だ。

オフクロは、おいらを見ているとそのオヤジの血を色濃く引いていることがはっきりわかる時があり、嫌になることがあるとも言っていた。確かに、二人の兄貴は酒もあまり飲まないし、我慢強くて絶対にキレたりしない。おいらだけが煙草《たばこ》は吸うわ、酒は人一倍飲むわ、暴れるわ……。オヤジの駄目な性質を一手に引き受けてしまったのかも知れない。

オヤジには趣味らしい趣味はなく、唯一《ゆいいつ》の楽しみが酒だった。仕事が終わると必ず飲みに行くのだが、行き先は毎日判で押したように決まっていた。

まず、現場から信濃屋《しなのや》という飲み屋に直行して一杯やる。日本酒の冷やにモロキュウ、それにアジフライ。頼むものまで決まっていた。ほろ酔い加減になって、次にキンリュウ会館というパチンコ屋に入る。たまにタバコやガムなどの景品を取ってくることもあったが、たいていはスッていた。最後に、シノとかいう名前のバアさんの店で飲み直し、すっかり出来上がって家に帰って来る。毎晩、同じコースを歩くものだから、まるでけもの道みたいだった。

だから夕方、オヤジを見つけ出そうと思ったら、いとも簡単だった。そのけもの道を逆行すればいいのだから。棟梁《とうりょう》から金が出る日には、オフクロがおいらにオヤジを探しに行かせるのだが、シノのバアさんの店に行き、キンリュウ会館を覗いて、信濃屋に向かう。その途中のどこかで、必ず見つけることができた。

よく見つけたのは、途中のドブにはまり込んでいる姿だった。ドブといっても今のような狭いものではなく、幅が二メートルほどもあって所々に木のふたもしてあった。オヤジは酔っぱらってはよくそこへ足を滑らせて落っこちていたのだ。泥まみれになって動けなくなっているオヤジを、おいらが何度、助け出してやったことか。ほとんど、ボケて徘徊《はいかい》するジジイと変わりなかった。

そんな話なら、いくらでもある。趣味などなかったオヤジだが、職人仲間の間で釣りが流行《はや》った時に、つられて自分も始めようとしたことがあった。でも、何事も人に教わることは絶対にできない性分なので、竿《さお》から浮きまで全部自分で作っていた。

「絶対に、あいつらよりオレの方が上手《うま》いんだ」などと言いながら。

そして、勇んで早起きして出かけていったまではよかったのだが、帰ってきた時は手ぶらだった。それどころか、全身ずぶ濡《ぬ》れになっている。その日は晴れて絶好の釣り日和《びより》だったはずなのに、どうしたのかと聞いてもオヤジは何も答えようとしない。後で職人仲間から、魚がかかるのを待っている間に飲みすぎて、川に浮いている木に乗ろうとして落ちたのだという話を教えてもらい、家族みんなで大笑いした。

初めて家に風呂《ふろ》がついた時も一騒動だった。檜《ひのき》の風呂を買って、ボイラーと煙突もつけて三畳くらいの小さな風呂場が出来上がった。オヤジは喜んで、「やっぱり、家の風呂じゃなきゃダメだ。銭湯なんて汚ねえところに行ってられるか」と言いながら、真先に飛び込んだ。それまでは銭湯が好きで毎日通っていたことなど、忘れてしまったようだった。

ところが、入ってみてまだ湯がぬるかったことに気がつき、「たけし、もっとどんどん薪《まき》をくべろ」と、大声でおいらを呼んだ。おいらも初めてなので加減がわからず、次から次へと薪を放り込んでいったら、そのうちにオヤジの声がしなくなった。どうしたのだろうと思ってのぞいて見ると、オヤジが檜の風呂から首だけ出して、真っ赤になって目を閉じている。風呂場には煙がもうもうと充満していた。

大慌《おおあわ》てで兄貴を呼び、二人で協力してオヤジを湯船から引っ張りだして居間に寝かせても、グッタリしたまま動かない。「父ちゃん、死んじゃった」と大騒ぎになった。「氷を買ってこい」「それより医者だ」「たけし、走って呼んでこい」などと言い合っているうちに、オヤジが「ハアー」と息をついたのでようやく安心したけれど、そのまま何時間も伸びたままだった。本当に、もう少しあのまま風呂につかっていたら、死んでしまったのかも知れない。

　風呂と言えば、それからしばらくしたある日のこと、おいらが風呂を沸かしにボイラーのところへ行くと、大事にしていたバットのグリップエンドだけが転がっている。そばで薪をくべていたオヤジに「父ちゃん、これ何だよ」と聞くと、「何だよって、見りゃわかるじゃねえか。薪だよ」という返事。思わず頭に血がのぼり、「薪じゃないだろ、バットだよ」と食ってかかったが、「知らねえよ、そんなもの」と取りつく島もない。

　おいらが金を貯《た》めてようやく買ったバットだなんて、オヤジは考えもしなかったのだろう。使い込んでニスが剝《は》げて黒ずんでいたから、風呂を焚《た》くのにちょうどいいと思ったに違いない。おいらがオヤジを本気でぶん殴りたいと思ったのは、その時が最初だった。

　おいらの家族は皆、オヤジには随分と痛い目にあわされている。姉貴は、可愛《かわい》がっていたニワトリを鳥鍋《とりなべ》にされてしまった。買ってきたのか貰《もら》ってきたのか知らないが、ちっちゃなヒヨコを「ピーちゃん」と名付けて、大事に育てていた。ところが、ようやくニワトリに成長したある日、姉貴が高校から帰ってみるとピーちゃんの姿が見当たらない。

捜し回っているうちに、台所の方から鍋が煮立ったいい匂いがしてきた。姉貴が台所へ行くと、珍しくオヤジがコンロの前に立っている。「ピーちゃん、知らない？」と聞くと「鍋に入れちまった」。その瞬間、姉貴は火がついたように泣きだした。

おいらも「オヤジの野郎、ひでえことするな」と思ったけれど、とにかく腹が減っている。うまそうな匂いがするので、結局、オヤジと一緒に食べることにした。そうしたら、泣きじゃくっていた姉貴まで食卓の前に座ったのには、さすがのおいらも驚いた。

「ピーちゃん、可哀相《かわいそう》に。こんなになっちゃって」と口では言いながら、鳥鍋をつつき始めた。しまいにはお代わりまでしている。「それ、ピーちゃんだろう」と、今なら言うだろうが、その時は腹が減っていてそれどころじゃなかった。肉になってしまえば、ピーちゃんも何もない。そんな時代だったのだ。

でも、オヤジに受けた被害が最も甚大《じんだい》だったのは、上の兄貴だったかも知れない。なにしろ、結婚する時に結納の席で泥酔《でいすい》して大騒ぎしたのだからひどすぎる。兄貴の嫁さんは栃木の洗濯屋さんの娘で、父親は業界の集まりで役員に選ばれるほど立派な人だった。

オヤジも最初のうちは、妙な着物を着てカチカチになって正座していた。「うちの馬鹿息子にこんな素晴らしいお嬢さんを頂いて」などと畏《かしこ》まっていたのだが、酒が回るにつれて様子が怪しくなってきた。酒のピッチが早まり、眼が座ってきたと思ったらいきなり、「何だ、この娘は。不細工なツラしやがって、このヤロウ」と、とんでもないことを言いだした。

そうなると、もう止まらない。「どこへも行く所がないから、オレのとこに押しつけようってのか、このヤロウ」。みんな唖然《あぜん》として、声も出ない。そのうちに、嫁さんの父親に対しても「何だ、てめえも。さっきからエラそうに酒飲みやがって。たかが洗濯屋じゃねえか、このヤロウ」とからみ始めた。

その父親もキップのいい男なので、とうとう堪忍袋《かんにんぶくろ》の緒が切れて、「さっきから人が黙って聞いてりゃ、いい気になりやがって。たかが洗濯屋だと？　てめえだって、たかがペンキ屋じゃねえか」と言い返したから、もう収拾がつかない。オフクロは泣きながら怒りだすし、ばあちゃん一人が必死でとりなそうとするのだが、エスカレートするばかり。まさに修羅場だった。

普通ならこれで縁談などブチ壊しになるところだが、不思議なことにその後、兄貴たちはめでたく結婚することになった。本人同士で決めてしまったのだろうが、嫁さんの父親も相当に太っ腹だったと思う。普通、そんなデタラメなオヤジのいる家に娘をやろうとは思わないだろう。

ところが、披露宴をおいらの家でやったのだが、その時もまたオヤジは泥酔してしまった。近所の人を集めて、襖《ふすま》も全部とっぱらって宴会を始めたまではいいが、しまいにオヤジが「今日は嬉《うれ》しい」と言いながら、やおら裸になりフリチンで踊りだしたから、どうにもならない。嫁さんは花嫁衣装を着たまま、角隠しの下で泣いていた。

反対に下の兄貴は、オヤジを轢《ひ》き逃げの被害者にしたことがある。大学生の頃、免許を取った直後で車に乗りたくてたまらず、友達に車を借りて出かけていったのだが、しばらくして真っ青な顔で帰ってきた。「人をはねた」と半べそをかいて悄気《しょげ》ている。

オフクロもしばらく困惑した表情を浮かべて考えこんでいたが、やがておいらに向かって「いいか、たけし。警察が来ても絶対に何も言うんじゃないよ」と言った。兄貴には、「もう寝ちゃいな。車はそこに置いときな。黙ってりゃ、わかりゃしないんだから」と言って布団《ふとん》を敷きはじめた。

そこへ、オヤジが帰ってきたのだが、見ると鼻血を出して服は血まみれ、しかも乗っていった自転車の前輪がグニャリとひん曲がっている。その恰好《かっこう》で「この近くでおれを轢いて逃げたやつがいる」と怒り狂っている。どうやら、兄貴はオヤジの自転車を引っかけたらしいと、皆すぐにピンときた。

しかし、家中が緊迫しているところへタイミングよくマヌケな恰好で帰ってきたものだから、可笑《おか》しくて仕方ない。どうしても耐えきれず、みんなでゲラゲラ笑ってしまった。そのそばでオヤジは一人わけがわからず、鼻血を流しながらポカンと口を開けて立っていた。

*

酒癖の他にもう一つ、オヤジには悪い癖があった。それは、カネもないのに新し物好きで、街頭で声をかけられるとすぐ飛びついてしまうことだった。よく香具師《やし》の口車に乗せられて、どうしようもない物を買ってきてはその度にオフクロに怒られていた。

今、おいらの手元にオヤジの形見として残っている雪駄《せった》もそんな物の一つだ。オヤジがそれを買ってきた日のことは、よく覚えている。真夏の暑い日で、「いい買い物をした」と、笑顔で家に帰ってきたオヤジの足元から、鈴の鳴るような音が聞こえてきた。見ると新しい雪駄の踵《かかと》の部分に、小さな鐺がくっついている。

「どうだ、この雪駄は。鼻緒がワニ革で畳表のところにもいい物を使ってる。その上、この鐺は金でできてるんだ」。オヤジは得意気に話すのだが、オフクロは一目《ひとめ》見て「またか」という顔になり、「馬鹿だね、おまえさんは。金でできてる鐺を、なんでチャラチャラ引きずって歩くんだよ。いったい、いくらで買ってきたんだい」と尋ねた。

オヤジの答えた値段は、どう考えても正価の十倍はするものだった。きっと本物の金の鐘だと思って買ってきたのだろう。でも、オフクロが返してこいといくら言っても「うるさい、バカヤロウ」と言って聞かなかった。その雪駄がなぜか、オヤジのたった一つの形見になってしまった。

オヤジは傍から見るとどうにもならない妙ちきりんな物でも、買った物はとにかくずっと使い続けていた。身につけていた物で思い出すのが、ハンコの指輪だ。見かけは金ピカで、台座の部分が印鑑になっているという指輪。どう見ても安物で、下品なロクでもない代物《しろもの》だった。

その指輪を買ってから、オヤジは郵便配達が来るのを今や遅しと待ち構えていた。配達の人が来ると玄関に飛んでいって、「ハンコがないから、代わりにこれで」と言って、嬉しそうにその指輪を押していた。オフクロが代わりに判を押そうものなら、「バカヤロウ、ハンコがいる時はオレに言え」と本気で怒ったものだ。

それからは、信濃屋に飲みに行く時も必ずその指輪をはめていった。右手に酒のコップを持ち、左手を不自然にかざしながら飲んでいた。隣の客に指輪が見えるようにしていたのだ。

「菊ちゃん、いい指輪してるじゃない」「えっ、何でわかったんだ」馴染《なじ》みの客とそんなやり取りをするのが、嬉しくて仕方なかったらしい。勘定を払う時にも、いきなり「領収書くれ。ハンコ押すから」と頼んで信濃屋の主人を驚かせた。何せ領収書なんて、それまで一度だってもらったことがないのだから。信濃屋の主人はしばらく間を置いてから笑いだし、「何言ってんの。領収書に押すのはウチのハンコだよ」と言った。オヤジはそれを聞いて頭をかいていたが、まるで下手な漫才を見ているようだった。

家に電話が初めて来た日のことも、今思い出すと噴飯物だ。貧乏なくせになぜか、おいらの家がテレビや電話を買ったのは、近所でも早い方だった。オヤジは来たばかりの電話の前に、何時間も座り続けていた。

やがてシビレを切らして、「何だ、どこからもかかってこないじゃないか」と怒りだした。誰にも番号を教えてないのだから、かかってくるはずがない。でも、ずっと苛立《いらだ》っているので、仕方なく兄貴が自転車で駅前へ行き、そこからかけようということになった。

しばらくしてベルが鳴ったのでオフクロが「早く出なよ」と促すと、オヤジは「冗談じゃねえ。誰が出るか、バカヤロウ」と言いだした。きっと、急に怖《お》じ気《け》づいたのだろう。ようやく受話器を取ったと思ったら、最初の一言《ひとこと》がいきなり「ハロー」。兄貴もさぞビックリしたことだろう。

それから、「オレだ、父ちゃんだ。お前は誰だ?」とマヌケなことを聞き始めた。兄貴に決まってるじゃないか。そして「聞こえるぞ」と言うや否《いな》や、アッという間に切ってしまった。

その後で、今度は自分でどこかにかけようとするのだが、その頃は電話を持っている知り合いなんて、滅多にいやしない。仕方なく棟梁《とうりょう》にかけてみたものの、話すことなど何もない。「いや、どうしているかと思って」と訳のわからぬことを言って切り、またしばらくしてかけている。三度目にとうとう、「用もないのにかけてくるんじゃねえ」と棟梁に怒鳴られて、ようやく止《や》めた。今時の若い連中がオヤジを見たら、絶対に「天然ボケ」と呼んだに違いない。

ただ、息子のおいらが言うのも変だが、仕事にかけてはオヤジは真面目《まじめ》だった。怠けて休んでる姿は一度も見たことがなかったし、日曜日でも仕事があれば朝から約束の時間に間に合うように出かけていった。

おいらも下の兄貴と一緒に、よく手伝わされた。中学の頃は、日曜日には野球をやりたくてたまらないのに朝、寝ていると兄貴に叩《たた》き起こされる。「たけし、起きろ。父ちゃんの仕事だぞ」。仕方なく起きて二人にくっついて行った。みんな遊んでいるのに、何でおいらだけがと恨めしかった。

オヤジは身長は百六十センチそこそこしかなかったけれど、体は締まっていて、動きは敏捷《びんしょう》だった。現場に行くと命綱もつけずに、ビルの四階くらいの高さでも平気でペンキを塗っていく。鳶《とび》が組んだ足場に登って、ペンキを脇《わき》に置いて上体を反らせて塗ったりもするのだ。その姿は、さながらロッククライミングのオーバーハングだった。

近所にできた工場にペンキを塗りにいくこともよくあったが、オヤジはスレートの屋根の上を身軽な動きで飛び歩いていく。そのうちにふと見えなくなったと思ったら、穴があいて落っこちてペンキを頭からかぶってる、なんてこともあったが。

今から思うと、よく一度も大ケガをしなかったものだ。時には足場が壊れたりすることもあり、ペンキ職人にケガはつきものだったのに、オヤジだけ無傷だったのは生来、運動神経が備わっていたからだろう。オヤジから遺伝したものでおいらが感謝しているのは、その運動神経くらいなものだ。オヤジは「昔、機械体操をやってたからな」なんて自慢してたけど、そんな話はウソに決まっている。

オヤジの口癖は、「オレはただのペンキ職人じゃない」ということだった。「オレは宮大工と同じように、木をピカピカにするのが専門なんだ」と耳にタコができるほど聞かされた。木の上に塗料を塗り、その上にニスをかけて光沢を出す。そうやってスナックなどの壁を光らせるのが得意だったらしい。

それから、神社の灰汁《あく》洗いもよく手伝わされた。埃《ほこり》や煙で黒ずんできた白木の天井に、苛性《かせい》ソーダをかけて灰汁を落とす。そして、真っ白になって乾いてから、ニスを塗りなおすという仕事だ。口で言うのは簡単だが、苛性ソーダを天井にかけると、上から降ってきて身体《からだ》じゅうに浴びてしまう。家族全員で手伝ったが、面倒な仕事だった。

驚いたことに、オヤジは苛性ソーダを手につけてその指をぺろぺろ嘗《な》めていた。嘗めながら、「うーん、まだ甘いな」と言って首をひねっている。どう考えても危ないのだが、オヤジは「嘗めなきゃわからねえんだ、こういうものは」と涼しい顔をしていた。

「漆だってな、嘗めてるうちに身体が慣れてくるんだ」。そんなことも言っていた。漆職人は修業の初めの頃から、少しずつ漆を嘗めさせられるのだそうだ。そうやって身体を鍛えていかないと、かぶれてしまって仕事にならないらしい。それ以来、おいらは職人といわれる人のことは、どこか尊敬するようになった。

ある年、オヤジの仕事が、大晦日《おおみそか》まで続いたことがあった。工場を塗ってくれと年の瀬になって頼まれ、一家総出で塗りに行ったのだが、終わったのが夜の十一時頃。

みんなで家に帰ってオフクロが年越しそばを茹《ゆ》ではじめた。

「今年もようやく終わったね」と言いながら、そばを食っている時にオフクロがふと、「父ちゃん、これから借金取りが来たりしないよね」と思い出したように尋ねた。「バカヤロウ、来るわけないだろう。こんな大晦日の十一時過ぎに」と、オヤジは笑い飛ばしたが、新年まであと十五分ほどになった時に突然、ガラッと玄関が開いた。続いて、「北野さーん」と呼ぶ声。その瞬間、家族全員が凍りついてしまった。

仕方なく、下の兄貴が棟梁の家へ自転車を走らせて、「すみません。前金貸してください」と頼み込んで、ようやく年を越すことができた。でも、そう言うととても悲惨な感じがするけれど、あの頃は借金取りが来るなんて、悲しいことでも何でもなかった。おいらたちも、ごく当たり前の出来事として受け止めていた。その後で、みんなで平気な顔をしてそばの残りを食ったのを覚えている。

＊

そんなオヤジがある日、急に仕事を休んだ。といっても、もう七十歳を過ぎてからの話だから、ずっとずっと後のことになるけれど、初めて休んだその日以後、オヤジは永遠に仕事を止めてしまった。

その少し前から、仕事から帰ってくると苦しそうにハアハアと肩で息をするようになっていた。心臓の具合が悪くなっていたのだろう。そのうちに「オレはもうダメだ」と言いだして、やがてある日きっぱりと止めてしまった。

それからのオヤジは、病院へ行ったり来たりの繰り返しだった。調子が悪くなっては病院へ行く。ところが二、三日で帰ってきて、また酒も煙草《たばこ》も人並み以上にやる。また具合が悪くなって病院へ行く。倒れたり起き上がったり、まるでダルマみたいだった。

兄貴の身体が大きくなりオヤジより腕力も強くなってからは、オヤジはもう酒を飲んでも暴れなくなっていた。一度、「いい加減にしろ」と兄貴に怒鳴られたのだ。それ以来、たまに「バカヤロウ」と言っても蚊の鳴くような声になってしまった。兄貴がいないのを見計らって、「てめえら、このヤロウ」と呟《つぶや》いている。情けない有り様だった。

倒れてからは、その気の弱さに拍車がかかって、妙に涙もろくなった。何かにつけて、「母ちゃん、オレが悪かった」と言ってはワッと泣きだす始末。脳もやられて、中風の泣き虫ジジイになってしまった。

それからは、オフクロとの関係は漫才のボケと突っ込みみたいになった。オフクロは平気な顔で、「バカだね、この人は。酒ばっかり飲んでたもんだから、頭がプチンときれちゃって。右手が震えちゃってるよ。猫じゃらしでも持たせてやろうか」なんて言う。「猫を放したら、手が血だらけになっちゃうだろうね」とか、「ああ、暑い。団扇《うちわ》でも持たせようか。そうしたら、扇風機がいらないね」とか、随分酷《ひど》いことを言っていた。それに対してオヤジは「バカヤロウ、俺を何だと思ってる」と怒るんだけど、まるで迫力がない。

さすがのおいらも「オフクロ、ひでえこと言うな」と思ったけど、あれはきっと若い頃の復讐戦《ふくしゅうせん》だったのだろう。酔っぱらったオヤジにしょっちゅう殴られてた頃を思い出して仕返ししていたに違いない。

オヤジは最後は寝たきりになってしまい、周りは大変だった。四人部屋に入院したのだが、他の三人も脳軟化や末期癌《がん》で、ことに脳軟化のジイさんは一晩じゅうワアワア騒いでる。それを聞くと、オヤジは気が弱くなってるものだから泣きだしてしまう。そのうちに癌の人が亡《な》くなってしまい、夜中に家族の人が来て「おじいちゃんが死んじゃった」といって泣きはじめた。そうしたら、脳軟化のジイさんは「死んだかあ」と言って騒ぐわ、オヤジは「おれももうダメだ」と言って泣きだすわ……。あれは本当に地獄だった。

根っから小心者のオヤジは、オフクロ以外の女は知らなかったんじゃないか。オフクロとは数えきれぬほどケンカをしていたけれど、女のことでもめているのだけは見たことがない。職人仲間と熱海に慰安旅行に行った時に、旅館で八ミリのブルーフィルムを見るのが、おそらく女に関してのオヤジの唯一《ゆいいつ》の楽しみだったろうと思う。

だからある時、オヤジの隠し子騒動が起こったのには本当にたまげた。おいらのところに週刊誌の記者がやって来て、いきなり「菊次郎さんに隠し子がいるらしい」と言う。おいらは思わず、「冗談じゃねえよ。うちのオヤジにそんな度胸あるはずがない」と叫んでしまった。もちろん、調べたらすぐに間違いと判明したけれど、オヤジのことを知っている人なら、全員が口を揃《そろ》えて証言してくれたに違いない。「あの人に限って、そんなことはできやしないよ」と。

人間が子供から大人になったかどうかは、親に対しての感情の持ち方で決まるんじゃないか。おいらはそう思っている。父親や母親を見て「可哀相《かわいそう》だな」「大変だったんだろうな」と思えるようになったら、そこで大人への第一歩を踏み出したのであり、幾つになっても「オヤジは許せねえ」などと言っているようではまだガキだと思う。

でも、それも自分のことになると途端に怪しくなってくる。おいらがオヤジを許せると思うようになったのは、いつ頃だっただろう。

子供の頃は何てダメなオヤジなんだと思い、カッコいい父親に憧《あこが》れていた。喧嘩《けんか》が強くて、子供に対してはきちんと小遣いもくれるが、ケジメをつけて叱《しか》ったりもする。そんなオヤジだったらいいのに、とよく思ったものだ。当然、感謝なんかしたことはない。それは家を出て自分の力で稼ぐようになってからも変わらなかった。もしかしたら、おいらは大人になれずにガキのまま、今日まで過ごしてしまったのかも知れない。

でも、最近ふと、オヤジはよくおいらに笑いかけていたような気がすることがある。声をかけてもらった記憶はほとんどない。でも、ニヤッと笑ったオヤジの顔ならいくつも思い浮かべることができる。仕事を手伝っている時、ペンキを塗っているおいらを見て笑った顔。信濃屋に迎えに行った時の嬉《うれ》しそうな顔。そんな顔をなぜか時々、思い出すようになった。ようやくおいらも、五十歳を過ぎてオヤジを許せる大人になったのだろうか。

考えてみると、おいらはオヤジの話をいくつも漫才のネタにしてきた。

「バカヤロウ。男は一歩外に出ると、七人の小人が待ってるんだぞ」

「それは七人の敵だって。小人が待ってたらディズニーランドじゃねえか」

それはオヤジがオフクロに言ったセリフそのままだ。オヤジはよく信濃屋で客からことわざの類《たぐい》を教わってきた。仕入れた言葉を家ですぐさま自慢げに使うのだが、ことごとく間違えるからおかしい。

「人間は我慢が大事だ。石の上にも三人っていうからな」

「それをいうなら三年だろ。三人も石の上に座ってどうするんだい」

オフクロが「バカだね、この人は」という顔で言い返すと、もうそれで漫才の世界に入っていた。

そういえば、おいらが小学生の頃、近所の家に泥棒が入ったことがあった。「泥棒」の声を聞いて、みんな一斉に外へ飛び出すと、いかにも貧しそうななりの男が必死の形相で逃げていく。それを大工や八百屋のおやじが「待て、このヤロウ」といって追いかけているところだった。オヤジも金槌《かなづち》を手にして「ぶち殺してやる」と言いながら、その仲間に加わった。そして、みんなでその泥棒を路地のどん詰まりに追い込んだところまではカッコよかった。

ところが、追い詰められた泥棒は振り向くと、やおら手に持った棒を振り回しながら反撃に出た。その途端、何と全員がくるりと回れ右をしてしまった。今度は見ているおいらたちの方に向かって全力で走ってくる。そして、その先頭にオヤジがいた。結局、泥棒はそのまま逃げてしまった。情けないなんてもんじゃない。

おいらは呆《あき》れながらも、Uターンしてきたオヤジたちの姿が何とも滑稽《こっけい》で、笑いだしてしまった。あの喜劇映画のような光景は今でも忘れられない。男親は息子に後ろ姿で何かを語るというけれど、オヤジがおいらに見せていたのはマヌケな姿ばかりだった。

オヤジが亡くなってもう二十年たつけれど、オヤジがどんな家で育った男なのか、おいらは今だに知らない。兄貴たちに聞いても、わからないという。自分の名前以外は字を書くこともできなかったから、きっと小学校も出ていなかったのだろうと思う。

オフクロは「父ちゃんは捨て子だったんだ」と言っていた。でも、本当にそうなのかどうかもわからない。オヤジの家の親戚《しんせき》には一人も会ったことがない。おいらがテレビに出るようになって、誰か名乗りでてくるかと思ったら一人も出てこなかった。だから、どんな家柄の人間だったのか、まるでわからないままだ。ガキの頃に出会った「怪物」は、とうとうその正体を明かさないまま、消えてしまった——。

（この物語はすべてフィクションであり、実在の人物には一切、関係ありません）

北野さきさん死去

タレントで映画監督のビートたけしさん（本名・北野武）の母、北野さきさんが22日（'99年8月）午前8時55分、老衰のため長野県軽井沢町の病院で死去した。95歳。喪主は長男の重一（しげかず）氏。二男はテレビのコメンテーターとしても活動している北野大（まさる）淑徳大学教授。たけしさんは三男。

おいら、まいったよ。通夜《つや》の日の記者会見で、つい声をあげて泣いてしまった。そしたらワイドショーで、その場面ばかり何度も何度も流すんだもの。かっこう悪いったらない。

いや、おいらも、最初はどうやってギャグにしてやろうかと、いろいろ考えてたんだ。

「今度こそ危ないというんであわてて病院に行くと、そのたびに生き返っていたオオカミババアが、ついに亡《な》くなりました」

とかね。実際、オフクロの顔をなでながら、

「大英博物館から来たエジプトのラメセスII世みたいだな」

って言って、家に来た友達に結構受けたりもしてた。

オフクロが亡くなったその日のうちにお通夜をやってたら、たぶんギャグも飛び出したはずだよ。

だけど、葬式の準備やら葬儀屋さんとの打ち合わせやらをしているうちに、神経がだんだん疲れてくる。

疲れがだーっと身体《からだ》に乗っかってくるような感じがして、それが重たくて重たくてしょうがない。

おまけに、お通夜が終わった後、親族だけで集まってたんだけど、そこで兄貴の大なんか、わんわん泣き出して大変だった。

それから、すぐ記者会見が始まったものだから、「面白いギャグを飛ばして、さすがお笑い芸人だと言わせてやろう」なんて気持ちは、もうどっかに行っちゃってたね。

それでも、芸能レポーターたちが何とかおいらを泣かせようとしているのは、わかってたんだ。女性レポーターなんか、作ったような変な声を出しているし……。

そのとき、ふっと横を見たら、本当に泣いている女性レポーターがいたんだよ。

「何だ、こいつ」

って思った瞬間に「うっ」と来て、もうダメ。涙がどどっと出てきて止まらない。

もう芸能レポーターに完全にしてやられたわけで、情けないよ。

気分としては、KO負けしたボクサーみたいだったね。親の死に目だって芸にしてしまうところを見せたかったんだけど、全然ダメ。

葬儀の後にも、もう一度記者会見をしてほしいって要望があったんだけど、またKO負けしそうだったんで、やめたんだ。

芸人としてはKO負けだったんだけど、あの泣いたシーンが良かったって話を後でいろんな人から聞いたね。

「普段、悪口ばかり言ってる奴《やつ》があれだけ泣くのは、本当はいい人だからじゃないか」

ってことらしいんだよ。もらい泣きした女性もいたって。

アナウンサーの徳光さんも箱根でテレビを見ていてもらい泣きをし、「おれも葬儀に行くよ」ってすっ飛んで東京に帰ってきた。

キャスターの小倉さんは泣きながら、「みんなお母さんに電話しろ」って番組で言ったらしい。

結果的に、泣いたのも良かったのかなって気もしてるけど、芸能マスコミの「お涙頂戴《ちょうだい》路線」にはやっぱりまいるよ。

今、次の映画のために減量中なんだけど、「たけしさんは、心労のためにげっそりやせました」なんて言われてしまう。

遺影を何気なく胸の前で持ち替えたら、その瞬間を撮《うつ》されて、「たけしさんは、お母様をずっと抱きしめています」だもの。

＊

おいら、お葬式っていうのにあまり出た経験がないんだけど、妙におかしなところがあるもんだね。

お葬式ぐらいまじめなものはないから、そこでおかしなことが起こると、落差の大きさといったらない。

その落差がまさにお笑いの原点で、伊丹《いたみ》さんが撮ってなかったら、お葬式を映画にしたいぐらいだよ。

あのお通夜の日、東京は激しい雨が降って、ものすごい雷が鳴っていた。

兄貴の大なんか、おろおろして言うんだよ。

「オフクロだ。きっと、オフクロが怒ってるんだ」

「平将門《たいらのまさかど》じゃないんだぞ。今の季節に雷が落ちるのは当たり前だ」

って、上の兄貴に怒られてた。

お通夜の間だけは、ちょうど雷雨がやんだんだ。そしたら今度は、

「オフクロはすごい、すごいよ」

だもの。これで科学者で、大学の博士号を持ってるっていうんだから、あきれるよ。

葬儀が始まる前は、大は間抜けな太鼓持ちみたいにうろうろしているだけなんだ。

「おい、たけし。町会長にあいさつに行かなきゃ。おまえ、行けないか？」

「行けないよ」

「どうしよう、どうしたらいいんだろう」

「たけしは来たいと言ってるけど、騒ぎになって迷惑をかけるといけないんで私が来ました。そう言えばいいじゃないか」

「あ、それいいね。で、警察はどうする。いくら包んだらいいんだ？」

「そんなこと、知るかって」

そのくせ、お通夜の前の日に言うんだよ。

「おい、たけし。俺、ちょっと五時間ほどいなくなるから」

「何だよ、五時間って」

「講演なんだ」

「何が講演だよ。おいらはテレビを四本も五本もすっ飛ばしているのに」

「どうしてもはずせないんだよ。悪いな」

それで花なんかもらって帰ってきたんだけど、兄貴が講演に行っている間に、変な人が訪ねて来た。

「どなたですか」

入り口のところに立っているから、
って姉ちゃんが聞いたら、

「私、フトシ君と小学校から高校までずっと一緒でした」

そう言うんだよ。

「おい、フトシ君って誰だ?」

「大に点がついてると思って、フトシって読んだんじゃないか」

「小学校から高校まで一緒で、それに気づかない奴っているか」

そんな話をしているうちに、焼香を終えて、

「フトシ君によろしく」

と言って帰っていった。

それがどういう関係の人なのか、いまだによくわからない。

こういうヘンな人が現れるもんだから、小渕《おぶち》総理から花が届いたとき、兄貴たちはイタズラじゃないかって言ってた。

本物とわかって兄貴たちも大喜びだったんだけど、小渕さんの方は、

「花を贈ったら、かえって迷惑をかけるんじゃないか」

と気を使って、何時間も迷ったらしい。やはり、すごい気配りの人なんだね。

火葬場では、最後のお別れの時に、とんでもないことがあった。

棺桶《かんおけ》のふたは、ちょうど真ん中ぐらいのところではずせるようになっていたんだよ。

「では、みなさん。最後にお顔を」

と、ふたをはずしたんだけど、たくさんの花に覆《おお》われていて、オフクロの顔が全然見えない。

「たけし、顔が見えないな」

「花に埋まってるもんな」

とか言ってたら、しばらくしてから葬儀屋さんが、

「あの……すいません。逆でした。こちらは足の方です」

遺体の入れ方を間違えたのか、ふたのはずす方を間違えたのか知らないけれど、これはすごいギャグだと思ったよ。

火葬場では、とてもギャグなんか言える雰囲気じゃないもの。

「焼き具合はレアにしてください」

とか、おいらだって、とても言えなかった。

骨を拾うときには、オフクロの腰のあたりから金属片が出てきた。

「こんなのが身体に入っていたんだ。オフクロも苦労したんだな」

って思ったら、ジーンときたね。それで、よく見たら、ホッチキスみたいな細かな金属片もたくさんある。

「うわっ、こんなにいっぱい入っていたのか」

「いや、これは棺桶のびょうです」

＊

タレント本人が死んだのならともかく、タレントの母親が死んだだけで、本当にたくさんの人が葬儀に来てくれたんで、おいら、びっくりした。

芸能人も大勢いたね。お通夜の前の日に森光子さんが焼香に来てくれたんだけど、七十になる上の兄貴が言うんだ。

「森さんていくつになるんだ。八十ぐらいになるんだろう。だけど、きれいだなあ」

って。もう、すっかり舞い上がっている。

お通夜のとき、イスに座っていて、ふと顔を上げたら、真っ白い顔がぬーっと目の前に現れた。

「ぎゃー、出たー」

鈴木その子さんが焼香してたんだけど、これにはあせったよ。

浅香光代さんが来たときも、あせったね。今、野村沙知代《さちよ》が来たらどうしようかと思って。

お笑いタレントっていうのは、こんなときでも笑いをとろうとする。

お通夜が始まる前に、一人のお坊さんが拝んでいるんだよ。よく見たら、ポール牧さんだった。宗派は違うし、やめてくれって。

島田洋七も香典袋を持ってやってきた。それはいいんだけど、受付で他人の香典まで懐《ふところ》に入れようとする。おいらがいたから、わざとボケて見せたんだね。

オスマン・サンコンなんか、田代まさしに、

「おい、食べちゃだめだよ」

って注意されてた。サンコンが日本の葬式に初めて行ったときの、有名な話があるんだよ。

焼香する姿を列の後ろの方から見ると、何かを食べているように見える。それで、サンコンが知り合いの人に聞いたんだって。

「あれ、うまいの？　口の中に何個ぐらい入れるの？」

「違う、違う。食べるんじゃない」

「でも、みんな、『ご馳走様《ちそうさま》』って言ってる」

りまくっていた。

「『ご愁傷様』だよ」

カメラが趣味の林家ぺーは、ピンクのシャツを着て、そこらじゅうで記念写真をと

最後に、にーって笑いながら、「遺影」の前で「イエーイ」とやって、みんなに怒られてた。ばかだって。

お通夜の日は、たまたまおいらの番組のプロデューサーの誕生日だった。それで、ダンカンたちがわざと誕生日プレゼントを持って来て、受付のそばで歌ったんだ。

「ハッピー・バースデー・ツーユー」

「ハッピー・バースデー・ツーヤー（通夜）」

お通夜で「おめでとう」と言われても困るよ。頼むからやめてくれと言うしかなかったね。

こういう葬儀のときに、よく番組の名前で花環《はなわ》とか出すんだけど、葬式には似合わない番組っていうのがあるんだ。

前に「笑ってポン」という名前の番組があったし、「笑っていいとも！」なんて最

悪だよ。

＊

お葬式をした葛飾区《かつしか》の蓮昌寺《れんしょうじ》には、実はおいらのオヤジ、菊次郎の墓がある。

だけど、誰もお墓参りに行かなかったな。不思議と言えば不思議なんだけど、

「ああ、そういえば、ここにオヤジの墓があったんだ」

って思ったぐらいで、墓参りしようなんて、家族の誰一人、考えもしなかった。

「みんな、寺に来ているのに、何でおれの墓参りをしないんだ」

って、オヤジは怒ってるだろうけど、オヤジに世話になったって、家族は誰も思ってないんだ。

おいらも何かしてもらったという記憶は、まるでないもの。

気の弱いオヤジは、酒を飲んで暴れてばかりいた。かわいそうだけど、家族の邪魔者扱いだったんだよ。

だから、オヤジのことが話に出たっていうのは、

「オフクロをオヤジと同じ墓に入れたら、きっと怒るぞ」

「雷を落とすぐらいだから、怒って墓をぐらぐら揺らすんじゃないか」

ってことぐらい。

今思うと、うちのオフクロは、オヤジに殴られて、ちゃぶ台をひっくり返され、泣いてばかりいた。

一緒になってからも、

「嫌だよ。大嫌いだよ」

とか言ってたんだけど、そのわりに五人も子供を作っているし、オヤジが死んだときは、泣きながらおいらのところに来たんだよ。まるでわけがわからない。

二人の関係というのは「北野家の謎《なぞ》」なんだけど、オヤジの出自《しゅつじ》もまた謎だね。

オフクロが言うには、オヤジは浅草の捨て子だったんだって。

オヤジに言わせると、本当は昔の殿様の子供だったんだけど、双子だったからオヤジ一人だけが捨てられたんだという話になる。

一人二役の殿様と乞食《こじき》が出てくる時代劇を見て考えたんじゃないかと思うんだけど

ね。

そういえば、おいらの小学校の担任だったフジサキ先生も、オフクロの葬儀に来てたんだ。焼香が続いてる祭壇の一番奥で、ずーっと立っていた。先生に会うのなんて、何十年ぶりだろう。それで、何だか、昔のことをいろいろ思い出しちゃったよ。

昔のことって言えば、上の兄貴が、オフクロが十八歳のときの写真を持っていた。

「いい女だよ」

って言うんで、兄貴に写真を借りたんだ。おいらも初めて見たよ。

オフクロっていうのは、本当においらと似ている。しゃべり方から目つきから、あまりにそっくりなんで困ってしまう。

そのオフクロが亡《な》くなってから、おいら、何だかぼーっとしてる。

九十五歳の母親が死んだだけなんだから、全然どうってことないと思うんだけど、何かにつけてオフクロがずーっと覆いかぶさっているような気がするんだね。

やっぱり、オフクロの影響って、すごく大きいんだ。

おいらが悪いことをしても、オフクロが出てきてしゃべると、社会全体が何となく許してしまうってところがある。

フライデー事件を起こしたときは、

「おまえなんか死んじまえ！」

って言って、バイク事故のときは、

「おまえ、ポルシェとか持ってんだろう。何であんな自転車みたいなせこいやつなんだ！」

変なかばい方をして息子が正しいなんて言ったら、世間から袋叩《ふくろだた》きにされたに違いないんだ。

「どうしようもないバカですけど、許してください」

そう言われると、みんな、嫌うとか怒るとかって気もなくなって、

「ホント、どうしようもないよ。しょうがないな、ああいう奴《やつ》は」

って感じになってしまう。

おいら、やっぱりマザコンだったなって、自分でも思うもの。

何かまた事件を起こしたら、あのばあさんに任せちゃおうという気が、下手すると

まだある。

いつまでたっても、子供の立場なんだよね。

今、映画のために、減量中だって言ったろう。やせようと思って、部屋の中で陸上の世界選手権とかを見ながら走るんだよ。

一時間走るんだけど、三十分でやめようかなと思うときもある。すると、額に入れたオフクロの写真が目に入ってくる。

「おまえ、何やってる。あと三十分だろ。情けないよ」

そう言われているようで、妙な感じなんだ。オフクロがいつも見ているから、ネエちゃんを部屋に連れ込むわけにもいかないしね。

だけど、オフクロも亡くなったし、おいらもいつまでもマザコンというわけにもいかない。

だから、ちょっと突き放してみようと思ってタイトルをつけたんだ。

「北野さきさん死去」——って。

北野家の人びと

北野　大

昭和二十二年一月十八日、東京都足立区の小さな木造の家で、弟はこの世に生を享《う》けました。

名前は「武」。両親、祖母うし、長男の重一、長女の安子、そして私の六人家族のもとに生まれた、北野家の四男坊でした。

なぜか私は、当時の彼のことをほとんど覚えていないんです。年が五つも離れていたせいかもしれませんが、ギャーギャー泣いていたであろう赤ん坊の頃や、よちよち歩きをしていた頃の記憶というのがない。すっぽりと抜け落ちてしまっているんです。

私が武をちゃんと意識したのは、彼が小学校に入るちょっと前だったと思います。学校から帰ってくる私を待ちかまえて、「あんちゃん、あんちゃん」と遊びをせがむ小さな弟——それが、私が覚えている、彼との最初の思い出なんです。

武とはずいぶん一緒に遊びました。荒川の河川敷へ行って、長い火箸《ひばし》を使ってカニを捕まえたり、ザリガニを釣ったり……。あの頃の子供はいつもお腹《なか》が空《す》いていましたから、ザリガニをうまく捕まえて、それをおやつにする。だからいろいろと工夫して、なんとかたくさん捕まえようと知恵を絞るんですね。武は最初、私のやり方を見よう見まねでやっていたんですが、少しすると私よりもうんと上手に捕まえるようになる。〝遊びの天才〟は、どうもこの頃からその片鱗《へんりん》を見せていたようです。それから西新井のお大師さんまで行って、鬼ごっこやチャンバラをやったり、千住《せんじゅ》にあった模型屋さんで、飽きもせずに機関車や戦艦の模型をずーっと眺めていたり。立派なオモチャは買ってもらえなかったけれど、武も私もとても楽しかった。

お金を使って遊ぶなんて、本当に滅多になかったのですが、映画館にはよく一緒に出かけましたね。当時、近所に「島根富士館」という映画館があって、オフクロが内職で忙しかったり、ばあちゃんが義太夫《ぎだゆう》のお弟子さんを取っているとき、厄介払いでしょうか、小遣いをもらって姉と弟の三人で映画を観《み》にいきました。アラカン（嵐寛寿郎《あらしかんじゅうろう》）や美空ひばりが出ていた『鞍馬天狗《くらまてんぐ》』は何回も観ましたね。映画館を出て家へ帰る道すがら、すっかり興奮してしまった二人が、「オレが鞍馬天狗、武は杉作をやれ。新撰組《しんせんぐみ》、覚悟〜っ！」なんて、観たばっかりの映画をまねてチャンチャンバラバラやっていたのを思い出すと、懐《なつ》かしくて、なんだか笑いがこみ上げてしまいます。

子供の頃、つらいことだって、もちろんたくさんありました。いや、つらいことのほうがずっと多い。悔しくって、情けなくって、なんでこんな家に生まれちゃったんだって、こっそり涙を流したり。

とにかく一番イヤだったのは、ペンキ屋だったオヤジの手伝い。私が高校生、武が小学五年生に上がったあたりから、日曜日、それは毎週のようにありました。私たちの仕事はもっぱら掃除で、オヤジがペンキを塗るトイや外壁などの汚れを、前もってきれいにするんです。特に「アク洗い」という作業が、なんともつらいものでした。

天井の汚れを取り除くために、苛性《かせい》ソーダ（水酸化ナトリウム）を天井にバシャッとかけると、その雫《しずく》がぽたぽたとしたたり落ちてくる。煤《すす》や埃《ほこり》をいっぱい含んだ苛性ソーダの雫を浴びて、武も私も、ものの見事にまっ茶色になってしまう。それでなくても、どこからか拾ってきたようなボロボロのジャンパーに破れたズボン姿、それに足袋を履いて草履引っかけて……思春期の少年なら死んでも他人に見られたくない格好なのに、それがさらにまっ茶色にみすぼらしくなるんですから、もうみじめなんてもんじゃありません。でも、そういうときに限って会っちゃうんですよね、同級生や近所の人に。それが本当にイヤでした。自分で言うのも変ですが、そこそこ成績がよくて、クラスでは一目おかれるようになっていたのに、町で出くわす姿がこれですから。雨さえ降れば、オヤジの仕事が休みになるからって、「てるてる坊主《ぼうず》」ならぬ「降れ降れ坊主」を作って、なんとか天気が悪くなるように祈ったりしていました。親不孝でしたね。

一方で、オヤジは私たちを自分の仕事に連れていくことが嬉《うれ》しく、誇らしく思っていたようです。オヤジの学力は、「菊次郎」と自分の名前を書くのが精一杯というものでしたから、当然計算なんかできない。それじゃ見積もりも工賃の交渉もままならないというんで、仕方なく私が代わりにやっていたんですが、そうやって一緒に仕事に行きながら、オヤジは私に、自分の跡を取って職人になってもらいたいと考えるようになっていたらしいんです。

職人と言ってもウチは棟梁《とうりょう》でもなんでもない。ペンキ塗りなのに長い梯子《はしご》すら持ってない。仕事のたびに近所の農家に行って頭下げて借りてくる、そんな有様でした。

だから私に継がせて、商売を広げて、いつかは電動式の梯子車でも買って、そして見習い職人をいっぱい抱えて、「北野のオヤジさん」なんて言われてみたい——そんな夢をぼんやり持っていたんじゃないでしょうか。

だけど、あのオフクロを前にして、オヤジはそんなことは絶対に言えなかった。そして私も、「こんなみじめな職人になんか絶対になるもんか」と、子供ながらに心に誓ったんです。

正直、オヤジに関しては、申し訳ないんですが、あんまりいい思い出がないんですね。

一度武と私を連れて、王子の飛鳥山《あすかやま》公園へお花見に行ったことがあったんですが、案の定、呑《の》み過ぎてしまってもう大変。花見どころじゃなくて、へべれけになったオヤジを、武と引きずって家まで帰りました。いまとなれば笑い話なんだけれど、遊びに連れてきたのはいったいどっちなんだよ、とふてくされましたね。

子供たちに何かしてくれたことといえば、パチンコでたまさか当たったときに景品のチョコレートを持ってきてくれたことくらいかな。ほとんどはスッて、オケラになってしょぼくれて帰ってくるんですけどね。

オヤジは本当に照れ屋で、酒さえ呑ませなければずーっと押し黙っている、お客が来るとサッと障子の向こうに隠れてしまう、そんな人でした。仲間の職人たちが組合を作っていて、その会合が年に一度か二度、箱根や熱海《あたみ》なんかであるわけです。会合と言っても要は親睦《しんぼく》の呑み会、みんなで楽しく騒ごうよという気楽なものなんですが、それでもオヤジは照れくさくて出られない。「オレはヤだから、大、おまえ代わりに行ってこい」とこの調子です。私だってそんなものに出たくはありませんでしたが、欠席すれば他の組合の人の心証も悪くなるだろうし、仕方なく、私は学生服姿で、箱根や熱海の会合に参加していました。なにしろ仮病を使って、私の結婚式にも出席しなかったくらいですから、どれほどの照れ屋かは想像に難くないと思います。

照れ性は、ウチの兄弟に共通するオヤジからの血なんですが、ひとり武だけは、この照れを笑いに昇華させているんじゃないでしょうか。悲しい席でのブラックユーモア、公式の場でのかぶりモノ。あれはみんな、武一流の照れ隠しなんです。

酒を呑んで大暴れするオヤジを見るのが、少年の頃の私はイヤでイヤでたまらなかった。でも、照れ屋で、言いたいことが何も言えないような人だったからこそ、呑んで辛《つら》さを紛らわすしかなかったのかもしれないと、いまとなっては思います。

武は、オヤジに対して、私とは少し違った感情を抱いていたようです。「職人さんって、スゲぇよなぁ」と感心していましたし、彼自身、絵を描くにしろオモチャをこしらえるにしろ、モノを作る才能に溢《あふ》れていましたから。『菊次郎の夏』というタイトルの映画を作ったくらいです。尊敬ではないにしろ、どこかオヤジに親しみを抱いていたのは確かだと思います。

他の作品もそうですが、武の映画には、弱くて情けなくて、だけど優しい人間がたくさん出てくる。誘惑に負けて減量できないボクサーとか、ワルになりきれないヤクザとか……そして彼らはみんな、どことなくオヤジに似ている。武だけは、オヤジを非常に魅力的な存在として見ていたのかもしれません。

そして、オフクロ。この存在なくして北野の家は語れません。私たち家族は完全に彼女の支配下にありました。オヤジの母親、姑《しゅうとめ》であるはずのばあちゃんだってオフクロの味方でしたから。可哀想《かわいそう》だけれども、オヤジは、オフクロの陰にすっかり隠れてしまって、父親としての存在感が希薄でしたね。我が家には「父親の威厳」とか「父権」なんてまるでなくって、リーダーはオフクロ、尊ぶべきはオフクロで、すべての権限を持つのがオフクロでした。

私が小学生の頃、一日がかりで遠足に行くことになっていたのですが、ちょうどその日、オフクロが風邪をこじらせて入院してしまった。「早く帰ってくるからね」と言い残して出かけようとした私に、「家のことがわからないから、大、行かんでくれ」と、あんなに楽しみにしていたのに無理矢理休まされてしまったんです。情けないことに、オフクロなしでは、オヤジは留守番もできなかった。

ウチはオヤジよりもオフクロのほうが強いんだ、とハッキリ感じるようになったのは、私が中学に進学する頃からでしょうか。勉強も、学校の友達のことも、将来の進路も、よその家なら父親に言うべきことをすべてオフクロに相談して、オフクロの言う通りに行動していた。ちょっとオヤジに……なんて、考えたこともありませんでした。私より十五も離れた上の兄はすでに社会に出ており、事実上、北野家の稼ぎ頭になっていたこともあって、私たちにとっては、この兄が父親代わりでした。オヤジがどんどん小さな存在になっていったのは、ある意味では仕方のないことだったのかもしれません。

「それじゃ、お母さんに口答えしたりすることはなかったんですか？」と尋ねられたことがあります。確かにあの頃、オフクロと話をしていて「それはちょっと違う」とか、「オレはこうしたいんだけど」と思ったこともありました。でも、口に出すことはどうしてもできなかった。オフクロの言うことは絶対で、逆らうことなどできない。私たち子供の教育に必死になって、命がけで取り組んでいたオフクロに、口答えなんて許されるはずがなかったのです。それくらい、オフクロは私たちについては真剣そのものでした。

「貧乏」の悪循環を断ち切るには教育しかないと信じて、その「貧乏」の象徴をオヤジに見立てたオフクロ。そんなオフクロに苦労ばかりかけ、酔ってオフクロを殴って泣かせていたオヤジ。それを毎日見ていた、私たち兄弟。

オフクロの口癖は「いいかい。父ちゃんみたいになっちゃいけないよ」。ワザとではないでしょうが、オヤジはオフクロによって、子供たちの完璧《かんぺき》な反面教師にされてしまったんですね。

確かにオフクロは怖い人でしたけれど、実は、優しくて、おせっかいが焼きたくてたまらないという人でもありました。

いまの若い人には信じられないことかもしれませんが、昔の下町の家族や町内に、プライバシーなんてものはありません。塀もなければ垣根もない、みんなが自分の親のように、兄弟のように、近所の人たちと肌を触れ合うようにつき合っていました。

私たちが育った頃の足立区は、こんな感じの町でした。大工に石屋、螺鈿《らでん》職人にキャバレーの呼び込み……そんなさまざまな住民がひしめき合っている小さな町で、オフクロの世話好きと知恵の回り具合は、ちょっとした評判になっていました。武の担任のフジサキ先生の話だけじゃありません。割の良い内職をどこからか聞き出してきて、仲間の奥さん連中を束ねて音頭を取ってみたり、町内会の役員決めをバランス良くまとめたり。

オフクロは「博士」と呼ばれて、近所の人からも本当に頼りにされていました。なにしろ気配りを忘れない人で、「モノをもらって怒る人はいない」と、ことあるごとに気の利《き》いた贈り物をしては周りの人を喜ばせていました。私が大学を出て研究所に勤めることになったとき、知らない間にオフクロが所内の人全員にハンカチをプレゼントしていて、後から同僚に「ありがとう。いいお母さんだね」と言われて、椅子《いす》からひっくり返りそうになったことがあります。

怒るときもすさまじかったですが、優しさも、それと同じくらい大きかった。そしてこの母親の、面倒見のよさを一番に引き継いだのも、やっぱり武でした。武には軍団と呼ばれるお弟子さんがたくさんいますが、みんな本当に武のことを慕ってくれている。そして武も、彼らを自分の身内のように思っている。塀や垣根を越えた人とのつき合いを、ちゃあんと忘れないでいるんだなぁと、つくづく思います。

そういえば、オフクロはときどき「おまえたちにはもうひとり、死んでしまった兄貴がいたんだよ」と言っていました。この本にも出てくる、オヤジとの間にできたのではないらしい、「勝」という兄の話です。最初は半信半疑で、きっとオフクロの作り話だろうと聞き流していたのですが、どうやら、オフクロが私たちのオヤジと一緒になる前に、ある海軍の中尉《ちゅうい》さんと婚約をしていて、式直前になってその中尉さんが死んでしまったという話が真相のようです。そしてその中尉さんが、なんと明治大学出身だった。

私も明治、武も、中退してしまいましたが明治。オフクロの、その死んだ婚約者への思い入れが、私たちの進学先にまで及んでいたのかもしれません。もっとも、「おまえたちがいなかったらとっくに（オヤジと）別れてたよ」と言いながらも、オヤジとの間に四人も子供を作っているのですから、オヤジのことだって、そう嫌っていたわけではないと思うのですが……。

ここまでお話ししたついでに、この本に書かれているエピソードのタネ明かしをしてしまいましょうか。

まず、私がクルマでオヤジをはねてしまった話。確かテレビドラマでは、上の兄の重一が新婚旅行の帰りに自転車に乗ったオヤジを轢《ひ》いた、となっていましたね。実は上の兄も私も、自動車の運転免許は未《いま》だに持っていません。あれは、オヤジが自転車に乗って車道を走っていたとき、前を走っていたどこかの会社の営業車が、急に止まって、運転席のドアをバタンと開けたらしいんです。スイスイと自転車を走らせていたオヤジは、例によってまた酒でも呑んでいたのでしょう、それにまったく気づかずに、思い切りぶつかって、血だらけになって帰ってきた。大事にならなくてよかったけれど、頭から血を流しながら、相手の運転手に「なんだ、馬鹿《ばか》やろう」なんて言ってるオヤジがなんとも滑稽《こっけい》でおかしくて、それを武はコミカルに描いてみせたのでしょうね。

それから姉の安子が可愛《かわい》がっていた、ニワトリのピーちゃん。あの話は本当です。

オヤジが裏の農家の家に持っていって、首を絞めてもらって帰ってきたんだけれど、それを知った姉貴は火がついたように泣きじゃくりながらオヤジを責めました。でも、貧しくて普段の食べ物にも事欠くような暮らしです。結局は泣きながら、姉貴もピーちゃんの鳥鍋《とりなべ》を何杯もおかわりして……私も実際に見たはずなのに、あの場面は武の文章を読んだ方が断然面白い。

あんなにつらかったペンキ塗りの思い出や、貧乏で欲しいものもロクに買ってもらえなかった子供時代だって、武は笑って語ってみせる。拾ってきた野良犬《のらいぬ》を、オフクロが反対してるんだ、絶対無理だよと他の兄弟が踏んでいたのを、見事な機転でオフクロを喜ばせて飼うことができた。そんなエピソードなら、まだまだ枚挙にいとまがないくらいあります。

武とは、顔も似ている、しゃべり方も仕草もソックリだ、真面目《まじめ》なところも、シャイなところもおんなじじゃないか。人様からはそう言われますし、私もそう思います。けれど、彼には表現者としての才能があった。苦しいことを苦しいとしか言えず、やりたいことがあっても、きっとダメだろうと口にも出せなかった私に比べて、武にはそれを見事に克服してしまう力量があったんです。

そして極めつけは、家族の誰もがどうしても逆らえなかったオフクロに、あの独裁者にただひとり刃向かって、武だけが家を出て行くことに成功した。

アイツは凄《すご》いヤツだと、心底驚き、そして感心しました。

菊次郎とさき――この両親の血を兄弟それぞれに引きながら、武だけは「何か特別な力」を神さまから授けられて生まれてきたのではないか。私には、そう思えてなりません。

それから……おっと、照れ笑いした武から「あんちゃん、もうカンベンしてくれよ」と叱《しか》られそうです。もうこれくらいにしておきましょう。


武に一番最近会ったのは、この八月、テレビ朝日の「WA風が来た！」という番組にゲストで出演させてもらったときです。私は、ちょうど武が海外ロケで出席できなかったオフクロの三回忌の話をして、武は、イタリアロケでの土産話を聞かせてくれました。

「あんちゃん、笑っちまうぜ。おいらがマキャベリの格好してイタリアの街を走り回るんだもの。これってさ、金髪鼻高の外国人が、京都の街を新撰組のなりをして走るようなもんだ。おかしいよねぇ」

彼のたとえ話にはいつも感心します。ものごとの本質を的確に突いて、それを笑いでもって見事に表現してみせる、武の才能にあらためて驚かされました。

そういえば、昔、オフクロも私たち男三兄弟をテレビにたとえたことがあります。重一はカラーテレビ、大は白黒テレビ、そして武はステレオつきだね、と。オフクロもうまいよね。なんの面白みもない白黒の私に比べて、武には人を楽しませる機能がたくさんついている。そして楽しませてくれよと期待している人が、いまや世界中にいる。

彼は私にとって、弟でありながら、「社会的な存在」でもあります。皆が武に注目している。オヤジもオフクロも亡《な》くなったいま、もうこれ以上家族のことなど、そんな些細《ささい》なことで武を煩《わずら》わせてはいけないんじゃないだろうか、そんなふうに思って躊躇《ちゅうちょ》してしまうことも、正直言ってあります。

第一線で走り続けるのは、決して楽なことではないでしょう。ときには不幸までをも笑いにして、文字通り身を削って、武は走り続けていかなければならないのですから。非凡な才能に恵まれた者の宿命のようなものを、ときには気の毒に思うことさえあるのです。

実はつい最近、家の掃除の最中に、武の通信簿が出てきたんです。オフクロが大事に取っておいたんでしょう、小学校から中学、高校まで、十二年間の記録がすべて残ってました。小学校のときはなかなかいい成績なんです。それが中学、高校に入ると真ん中くらいになってる。成績はそうやって徐々に変わっていくんだけれど、小中一貫して注記されていたのが「落ち着きがない」。このひと言を見つけたとき、私の心は一気に中学生の頃まで遡《さかのぼ》って、「あんちゃん、あんちゃん」と私にまとわりついてはしゃいでいた武の顔が、くっきりと脳裏に浮かんだのです。そして、私は思いました。

やっぱり、武は私の弟なんだ、って。

（平成十三年九月、淑徳大学教授）

この作品は平成十一年十二月新潮社より刊行された。

ビートたけし著

少　年

ノスタルジーなんかじゃない。少年はオレにとっての現在だ。天才たけしが自らの行動原理を浮き彫りにする「元気の出る」小説3編。

ビートたけし著

浅草キッド

ダンディな深見師匠、気のいい踊り子たちに揉まれながら、自分を発見していくたけし。浅草フランス座時代を綴る青春自伝エッセイ。

ビートたけし著

たけしの中級賢者学講座 そのバカがとまらない

ニッポンの危機を救うため、「元祖毒舌」が立ち上がった――。憲法、民主主義、教育から「お笑い」まで、世の常識を集中講義。

ビートたけし著

たけしの初級賢者学講座 私ばかりがなぜもてる

みんな少しは学習しろよ、世の中、ぬるい奴ばかり――。少年法から北朝鮮まで、たけし教授の集中講義。毒舌新シリーズ、第一弾。

ビートたけし著

たけしくん、ハイ！

ガキの頃の感性を大切にしていきたい――。気弱で酒好きのおやじ。教育熱心なおふくろ。遊びの天才だった少年時代を絵と文で綴る。

ビートたけし著

みんな自分がわからない

何とも不思議な国ニッポン。名医たけしが診察すれば、迷いは消えてなくなります。貴方だけにそっとお薦めする、シリーズ第三弾！

青木玉著
幸田文の箪笥の引き出し
着物を愛し、さっそうと粋に着こなした幸田文。その洗練された「装い」の美学を、残された愛用の着物を紹介しながら、娘が伝える。

井上靖著
しろばんば
野草の匂いと陽光のみなぎる、伊豆湯ヶ島の自然のなかで幼い魂はいかに成長していったか。著者自身の少年時代を描いた自伝小説。

井上ひさし著
ブンとフン
フン先生が書いた小説の主人公、神出鬼没の大泥棒ブンが小説から飛び出した。奔放な空想奇想が痛烈な諷刺と哄笑を生む処女長編。

いとうせいこう著
ノーライフキング
噂がネットワークを駆け抜け、「無機の王」が襲いかかる。世界を破滅から救うため立ち上がる子供たち。いま彼らはゲームを越えた。

氷室冴子著
いもうと物語
夢みる少女は冒険がお好き――。昭和四十年代の北海道で、小学校四年生のチヅルが友だちや先生、家族と送る、恋と涙の輝ける日々。

宇野千代著
おはん
野間文芸賞受賞　女流文学者賞受賞
妻と愛人、二人の女にひかれる男の情痴のあさましさを、美しい上方言葉の告白体で描き、幽艶な幻想世界を築いて絶賛を集めた代表作。

内田春菊著
あたしのこと憶えてる?
ものを憶えられない「病気」のボーイフレンドとの性愛を通して人の存在のもろさと確かさを描いた表題作など、大胆で繊細な九篇。

江國香織著
すいかの匂い
バニラアイスの木べらの味、おはじきの音、すいかの匂い。無防備に心に織りこまれてしまった事ども。11人の少女の、夏の記憶の物語。

小川未明著
小川未明童話集
人間にあこがれた母人魚が、幸福になるようにと人間界に生み落した人魚の娘の物語「赤いろうそくと人魚」ほか24編の傑作を収める。

恩田　陸著
六番目の小夜子
ツムラサヨコ。奇妙なゲームが受け継がれる高校に、謎めいた生徒が転校してきた。青春のきらめきを放つ、伝説のモダン・ホラー。

鎌田敏夫著
29歳のクリスマス
恋を仕事を人生を、あきらめない、投げ出さない。強がりながらいつも前向きな典子に熱い共感が集まった大ヒットドラマを小説化。

北　杜夫著
どくとるマンボウ青春記
爆笑を呼ぶユーモア、心にしみる抒情。マンボウ氏のバンカラとカンゲキの旧制高校生活が甦る、永遠の輝きを放つ若き日の記録。

銀色夏生著

夕方らせん

困ったときは、遠くを見よう。近くばかりを見ていると、迷うことがあるから――静かにきらめく16のストーリー。初めての物語集。

黒柳徹子著

トットの欠落帖

自分だけの才能を見つけようとあらゆる事に努力挑戦したトットのレッテル「欠落人間」。いま噂の魅惑の欠落ぶりを自ら正しく伝える。

黒柳徹子著

小さいときから考えてきたこと

小さいときからまっすぐで、いまも女優、ユニセフ親善大使として大勢の「かけがえのない人々」と出会うトットの私的愛情エッセイ。

立花隆＋東京大学教養学部立花隆ゼミ著

二十歳のころ（Ⅰ 1937～1958）（Ⅱ 1960～2001）

「二十歳のころ何してましたか？」立花ゼミ生が各界70人を直撃！二十歳になる人、二十歳だった人、すべてに贈る人生の必読本。

河合隼雄著

猫だましい

心の専門家カワイ先生は実は猫が大好き。古今東西の猫本の中から、オススメにゃんこを選んで、お話しいただきました。

田口ランディ著

できれば ムカつかずに生きたい

どうしたら自分らしく生きられるんだろう――情報と身体を結びあわせる、まっすぐな言葉が胸を撃つ！本領発揮のコラム集。

新潮文庫最新刊

C・カッスラー
中山善之訳
オデッセイの脅威を暴け（上・下）
前作で奇跡の対面を果たしたダーク・ピット父子が、ヨーロッパ氷結を狙う巨大な陰謀に立ち向かう。怒濤の人気シリーズ第17弾！

R・N・パタースン
東江一紀訳
最後の審判（上・下）
姪の殺人罪を弁護するため帰郷したキャロライン。彼女を待ち受けていたのは、思いもよらぬ事件と秘められた過去の愛憎劇だった。

A・ボーディン
野中邦子訳
キッチン・コンフィデンシャル
料理界はセックス・ドラッグ・ロックンロール？ 超有名店の破天荒シェフが明かす、唖然とするようなキッチンの裏側、料理の秘法。

M・H・クラーク
宇佐川晶子訳
消えたニック・スペンサー
少壮の実業家ニックは癌患者の救世主なのか、それとも公金横領を企む詐欺師だったのか？ 奇蹟のワクチン開発をめぐる陰謀と殺人。

G・M・フォード
三川基好訳
白骨
ある一家の15年前の白骨死体。調査を始めた世捨て人作家コーソと元恋人の全身刺青美女は戦慄の事実を知る。至高のサスペンス登場。

E・F・ハンセン
村松潔訳
旅の終わりの音楽（上・下）
最後の瞬間まで演奏を続けたと言われるタイタニック号の伝説の楽士たち。史実と想像力が絶妙に入り混じる、壮大なスケールの作品。

菊次郎《きくじろう》とさき

新潮文庫　ひ－11－14

平成十三年十二月一日発行
平成十七年六月二十日六刷

著者　ビートたけし

発行者　佐藤隆信

発行所　株式会社新潮社

郵便番号　一六二―八七一一
東京都新宿区矢来町七一
電話 編集部(〇三)三二六六―五四四〇
読者係(〇三)三二六六―五一一一
http://www.shinchosha.co.jp

価格はカバーに表示してあります。

乱丁・落丁本は、ご面倒ですが小社読者係宛ご送付ください。送料小社負担にてお取替えいたします。

印刷・大日本印刷株式会社　製本・憲専堂製本株式会社

ISBN4-10-122524-9 C0193